BÚSQUEDA DE DIOS Y SENTIDO DE LA VIDA

Viktor Frankl
Pinchas Lapide

BÚSQUEDA DE DIOS Y SENTIDO DE LA VIDA

Diálogo entre un teólogo y un psicólogo

Traducción de
GILBERTO CANAL MARCOS

Herder

Título original: Gottsuche und Sinnfrage. Ein Gespräch
Traducción: Gilberto Canal Marcos

© 2005, Gütersloher Verlagshaus GmbH, Gütersloh
© 2005, Herder Editorial, S.L., Barcelona

2.ª edición, 5.ª impresión, 2020

ISBN: 978-84-254-2833-3

Cualquier forma de reproducción, distribución, comunicación pública
o transformación de esta obra solo puede ser realizada con la autorización
de sus titulares, salvo excepción prevista por la ley. Diríjase a CEDRO
(Centro de Derechos Reprográficos) si necesita reproducir algún fragmento
de esta obra (wwww.conlicencia.com).

Imprenta: Sagràfic
Depósito legal: B - 28.588-2012
Printed in Spain – Impreso en España

Herder
www.herdereditorial.com

ÍNDICE

Acerca de este libro
por Alexander Batthyany
9

Viktor Frankl, su vida y su obra
por Alexander Batthyany
25

Pinchas Lapide, su vida y su obra
por Ruth Lapide
43

Prólogo
por Viktor Frankl y Pinchas Lapide
55

Diálogo entre un teólogo y un psicólogo
57

ACERCA DE ESTE LIBRO*

Viktor Frankl ha dejado una vasta obra literaria. Muchos de sus libros —sobre todo *El hombre en busca de sentido* y *Psicoanálisis y existencialismo*— se han establecido ya hace mucho tiempo como clásicos en todo el mundo. Algo menos conocido para la opinión pública en general resulta Frankl como autor de más de 400 artículos científicos y filosóficos en los que, en su condición de psiquiatra y neurólogo, se interna algunas veces en ámbitos colindantes con su trabajo de investigación propiamente dicho. El presente opúsculo pertenece también a esa rama de su vasta obra. El mismo surgió a partir de una conversación de varias horas entre el científico de las religiones judío Pinchas Lapide y Viktor Frankl, que tuvo lugar en agosto de 1984 en la casa de Frankl en la Mariannengasse, de Viena.

Las grabaciones magnetofónicas de la conversación que se reproduce en las páginas siguientes, así como el original en las que estas últimas se basan, confeccionado en el verano de 1984, estuvieron durante muchos años en el archivo póstu-

* Traducción de Roberto H. Bernet.

mo privado de Viktor Frankl sin que nadie tuviese conocimiento de su existencia. Sólo en mayo de 2004 se encontraron tanto el manuscrito como las cintas magnetofónicas en el marco del trabajo de catalogación del archivo. Todo indica que Frankl había planeado publicar el libro y que tal publicación era inminente. En 1984, ambos autores deben de haber escrito en común el Prefacio y fijado el título del libro. No se sabe por qué razón, finalmente, la obra no llegó a publicarse. El borrador hallado en el archivo póstumo contiene pruebas de impresión, lo que corrobora la sospecha de que el plan de publicación se encontraba en un estadio relativamente avanzado. No obstante, las pruebas de impresión no contienen indicación alguna de editorial, por lo que las investigaciones sobre el contexto de la planeada publicación del libro no pudieron prosperar. Tampoco las averiguaciones realizadas en las editoriales de habla alemana en las que editaban sus libros Frankl y Lapide condujeron a nuevos resultados sobre las razones de la no publicación.

Es posible que el mismo manuscrito brinde más informaciones, en cuanto que contiene numerosas correcciones y complementos introducidos por los autores. La forma, el tipo y el contenido de las notas y adiciones sugieren la realización de, por lo menos, dos pasos de corrección por parte de cada uno de los autores. Consecuentemente, ambos corrigieron el texto íntegro y ampliaron sus propias aportaciones a la conversación por lo menos dos veces. Ese hecho, unido a la posterior redacción del Prefacio y a las indicaciones elaboradas para la editorial, sugieren que se había planeado una pronta publicación del libro. Por otro lado, si los autores hubiesen acordado no publicarlo por razones de contenido, cabe suponer que no habrían realizado las dos lecturas de corrección ni hubiesen encabezado el original corregido con el Prefacio y las instrucciones para la editorial. Otro argumento en contra de un abandono prematuro del plan de publicación consiste en que los autores tenían motivos de sobra para estar conformes con los resultados de su larga conversación; o, por lo menos, seguramente tenían consciencia de que sus lectores hubiesen estado agradecidos de poder participar del encuentro entre Frankl y Lapide. Además, se sabe que la relación amistosa de Viktor Frankl y Pinchas Lapide se vio profundizada gracias a su encuentro en Viena. Esta circunstancia excluye otro motivo que podría explicar la no publicación del libro en su momento.

Gracias a la editorial Gütersloher Verlagshaus hemos tomado conocimiento de que la relativa brevedad de este opúsculo podría haber sido una razón para que la editorial abandonase los planes de publicación. Tanto más afortunada resulta entonces su decisión de retomar este proyecto abandonado en 1984.

Al encontrarse el original de este libro en el archivo póstumo de Frankl, había que reiniciar la tarea en el mismo lugar donde se había interrumpido veinte años atrás, e incluir las correcciones y adiciones incorporadas por los autores en las pruebas de impresión. Las notas de Lapide ya estaban mecanografiadas. Además, el original contenía, junto a complementos también mecanografiados de Frankl, alrededor de 50 agregados manuscritos del psicólogo vienés anotados en estenografía de Gabelsberg, no utilizada ya en la actualidad.[1]

La versión que ahora presentamos incorpora todas las adiciones y correcciones de los autores. Todo indica que ellos habían dado mucha importancia a mantener el carácter dialogal del libro, puesto que los complementos y las correcciones

---

1. Quiero agradecer aquí a Hans Gebhardt por su apoyo en la traducción de las anotaciones estenográficas de Viktor E. Frankl.

introducidas se reducen a unas pocas y leves modificaciones, y sólo en muy pocos casos constituyen intervenciones más de fondo en el contenido, la forma y la línea argumental del diálogo.

Esta breve exposición del trasfondo histórico y formal del presente opúsculo muestra que son varios los puntos de vista según los cuales se diferencia de las publicaciones conocidas de Frankl. También la orientación temática del libro ofrece muchos aspectos nuevos y cosas que Frankl no había dicho hasta ese momento de esa manera y con esa apertura. Posiblemente, este hecho dependa especialmente de que la forma dialogada posibilita probar y desarrollar conceptos durante la misma discusión y, dado el caso, rechazarlos nuevamente, de modo que el tenor vinculante de las ideas y argumentos expuestos es menor de lo que es el caso, por ejemplo, en las conocidas obras principales de Frankl. Aparte de este libro sólo ha aparecido una obra más de Frankl en forma de diálogo (Frankl / Kreuzer 1982). Esta última contiene dos conferencias y dos extensas entrevistas con Frankl, pero la diferencia decisiva de esa publicación (y de otras innumerables entrevistas de Frankl) con respecto a la conversación que presentamos estriba en que, aquí, se encuentran dos interlocutores en un diálogo de igual a igual. En las entrevistas, en las que Frankl debía explicar los rasgos fundamentales de su logoterapia, recurría por regla general a formulaciones preexistentes y fórmulas probadas. En este libro, la situación es diferente: aquí se encuentran dos investigadores que no sólo se exponen mutuamente sus puntos de vista sino que, por largos tramos de la conversación, desarrollan nuevas ideas en común y las ponen en discusión en el ámbito protegido de una amistad tanto personal como intelectual. El mismo Frankl se expresa en ese sentido hacia el final de la conversación cuando dice:

Fíjese que la única manera en la que puedo expresar mi respeto personal por usted es decir cosas que nunca he dicho aún, confiarle cosas que incluso tampoco he pensado todavía. (Véase pág. 144.)

Y, realmente, pocas son las veces en las que Frankl se manifestó de forma tan abierta y extensa acerca de sus propias concepciones religiosas como en este caso. Estas manifestaciones personales se hacen accesibles al lector sobre todo si las contempla en el contexto global de las afirmaciones de Frankl sobre psicología y filosofía de la religión, razón por la cual cabe agregar aquí una breve introducción a los contenidos de la posición de Viktor Frankl acerca de la cuestión religiosa.

LOGOTERAPIA Y RELIGIÓN

Al considerar la obra de Frankl en su conjunto, en general llama primero la atención el hecho de que, si bien Frankl encara a menudo preguntas religiosas, las trata sin embargo de forma sumamente cautelosa y reservada. Así, Frankl plantea siempre sus consideraciones sobre la religión en dependencia de la fórmula pragmática de que, en el marco de la línea de investigación psicológica por él fundada, la religión y la fe deben entenderse en todo caso «solamente» como tema y no como posición básica (véase Frankl 1972/1982>2002, 114). No obstante, el modelo psicológico de Frankl toma la religiosidad y la fe del ser humano en su autenticidad y, así, la toma lo suficientemente en serio como para no incurrir en la pretensión de explicar la religión total y exclusivamente desde la perspectiva psicológica.

En general ha sido una inquietud de Frankl no aplicar las categorías de explicación psicológica en ámbitos donde, a partir de un cierto punto, su empleo deja de acertar en las necesidades originarias del hombre y tematiza mecanismos exclusivamente psicológicos y psiquiátricos, cuando, en el fondo, ya no están operando procesos psíquicos sino inquietudes espirituales. En tal sentido, y haciendo referencia a las personalidades de F. Dostoievsky y Bernadette Soubirous, psiquiátricamente caracterizables como patológicas, Frankl advierte acerca del límite del enfoque psicológico:

> Pues tanto la producción artística de uno como el encuentro religioso de la otra se encuentran fuera del plano psiquiátrico. (Frankl 1946a/1998, 51.)

Dicho de otro modo, la inquietud de Frankl es percibir al ser humano no sólo en su constitución psíquica sino también en su espiritualidad y personalidad, con independencia de que manifieste o no posturas de cosmovisión, y de cuáles sean las que manifiesta. Esta idea fue durante largo tiempo algo novedoso (y lo sigue siendo en parte hoy en día), puesto que la mayoría de las teorías psicológicas corrientes veían en la religiosidad del hombre una mera expresión de procesos psíquicos, y, por lo general, bajo un signo poco honorable.[2]

---

2. Por ejemplo, religión como resultado, en el individuo, de «los conflictos, nunca superados del todo, que nacieron en su infancia en torno del complejo paterno» (Freud 1927/1986, 30); como «búsqueda instintiva de protección» (Pavlov, según Grom 1992>1994, 92); como «superación del miedo a la muerte mediante la esperanza de inmortalidad» (Malinowski, según Grom 1992>1994, 94); como fruto del «deseo de conservar y acrecentar un concepto positivo de sí mismo» (Spilka, según Grom 1992>1994, 119).

Por eso, la logoterapia de Frankl fue recibida con gratitud sobre todo por aquellos que no querían seguir viendo al hombre religioso bajo una sospecha psicoterapéutica general. No obstante, el interés de Frankl no era tanto proteger la religión en cuanto tal frente a los reduccionismos psicológicos sino preservar a la misma psicología de transgredir metódica, formal y materialmente los límites de su propio potencial explicativo. En efecto, todo intento de explicar la religión y la fe de forma exclusivamente intra-psíquica sólo es plausible como programa de investigación en cuanto a los conceptos y el contenido cuando se puede dejar en claro que las inquietudes espirituales que se expresan en la religión pueden proyectarse sin mengua a procesos y mecanismos psíquicos. Lo ideal sería que la demostración de este modelo fuese empírica. Pero tal comprobación está todavía pendiente y no se ve (ni resulta fácilmente imaginable en lo conceptual) cómo sería posible semejante demostración, si acaso lo fuese, sin presuponer a su vez un programa de investigación reductivo (y, con ello, sin presuponerse a sí mismo).

En consecuencia, el verdadero paso de desarrollo que realiza la psicología de la religión con Frankl es, en el fondo, una retirada de ámbitos espirituales que, en principio, no eran completamente accesibles desde una perspectiva psicológica. Para Frankl, la religiosidad es expresión de la búsqueda humana de sentido y, como expresión de la búsqueda de sentido, irreductible e incuestionable como esa misma búsqueda.

Con respecto a la postura de la logoterapia frente a la religión pueden retenerse tres afirmaciones fundamentales que habrán de profundizarse todavía en esta introducción: primero, Frankl reconoce a la religiosidad el legítimo papel que ella puede desempeñar —o no— en la vida del individuo; segundo, Frank le reconoce asimismo a la religiosidad, desde el punto de vista de la historia de las ideas, la significación que le corresponde como búsqueda humana por el sentido; y, tercero, la mantiene tan al margen de la terapia como está indicado por la necesaria reserva del médico y terapeuta en asuntos de cosmovisión. Comprometido con la neutralidad médica, Frankl se limita a reconocer qué es lo que mueve al hombre religioso, sin hacer una valoración psicológica de su inquietud o emitir un juicio de contenido sobre la expresión de su búsqueda religiosa. La logoterapia no está en condiciones de decir más que eso con relación a la religión en cuanto tal, y tampoco tendría atribuciones para decir más en virtud de sus propios presupuestos como psicoterapia y como atención médica del alma.

Pero la logoterapia puede (y, como psicoterapia, a veces debe) hacer del *hombre religioso* su objeto de tratamiento, y en este punto puede avanzar más que en la consideración de la religión en cuanto tal. En efecto, ningún modelo psicológico que tenga interés en el hombre puede permitirse a largo plazo eliminar de su campo visual la búsqueda religiosa del ser humano o patologizarla en base a determinadas premisas preestablecidas. La historia de las religiones y de los mitos ofrece un testimonio de la permanente pregunta del hombre por el sentido. Esta constante se prolonga a lo largo de su cambiante historia: el hombre ha sido siempre un ser que no se contenta con vivir sino que busca constantemente el sentido y fundamento de su ser y actuar. Este asunto tiene una importancia especial para la logoterapia en la medida en que confirma la comprensión de Frankl acerca del hombre como ser buscador de sentido. Por esa razón, para la logoterapia son mucho más importantes las inquietudes del hombre religioso que las inquietudes de la religión en cuanto tal. Esto se muestra también nítidamente en la amplia definición que formula Frankl del hombre religioso: en ese contexto suele citar la afirmación de Paul Tillich según la cual «ser religioso es preguntar apasionadamente por el sentido de nuestra existencia» (Tillich 1962, 8). Esta acentuación en el hombre religioso se refleja asimismo en la obra íntegra de Viktor Frankl. En ella se constata pronto (y a veces en contra de lo esperado) que las preguntas religiosas no ocupan, ni con mucho, tanto espacio como pretenden sugerirlo algunas lecturas forzadas (de críticos, así como también de teólogos y de agentes pastorales eclesiásticos) de la logoterapia. Si bien por una parte es comprensible que, sobre todo los teólogos, religiosos y clérigos crean encontrar respaldo en la logoterapia (en lo que otros creen encontrar a su vez motivo de crítica), al mismo tiempo hay que advertir en este punto en contra de tendencias de apropiación demasiado fuertes que, a la larga, no pueden ser útiles ni a la teología ni a la psicoterapia, puesto que, estrictamente hablando, la logoterapia termina precisamente donde comienza la teología.

Otro motivo que incide en esta tendencia a la transgresión de los límites entre teología y logoterapia podrá ser, tal vez, que, con la pregunta por el sentido, Frankl ha planteado un tema que, tradicionalmente, ha sido tratado también por la religión. No obstante, si bien los malentendidos que pueden aparecer en este contexto son comprensibles en una consideración superficial, no deberían persistir en el marco de un enfoque más profundo de las preguntas por el sentido planteadas por ambas disciplinas. En efecto, la posición explícitamente neutral de la logoterapia y del análisis existencial aplicados frente a la cuestión religiosa se hace aún más clara cuando consideran los conceptos de Frankl sobre el sentido. Frankl distingue tres tipos o categorías de sentido: sólo una de ellas es de importancia central para la logoterapia (a la vez que de importancia relativamente subordinada para la teología). La determinación de los tres conceptos de sentido por parte de la logoterapia sirve también como ayuda para la comprensión de este opúsculo, razón por la cual la presentaremos aquí brevemente y la discutiremos teniendo particularmente en cuenta sus aspectos religiosos. En el conjunto de su obra, Frankl distingue entre:

(1) el sentido en la vida o en una determinada situación de la vida,
(2) el sentido de la vida, y
(3) el sentido de la totalidad del mundo.

En su condición de psicoterapia centrada en el sentido, la logoterapia se ocupa preponderantemente de el primer concepto de sentido, el sentido *en* la vida o en una situación concreta de la vida. La logoterapia sólo se enfrenta ocasionalmente con los otros dos conceptos de sentido (más metafísicos y, en ciertas circunstancias, también religiosos) en cuanto línea de investigación filosófica o analítica de la existencia, y, al hacerlo, evita, como hemos visto, formular afirmaciones de carácter definitivo o dogmático. En el fondo, la única determinación decisiva —y a menudo variada— que Frankl está dispuesto a hacer en cuanto al *contenido* del segundo y tercer concepto de sentido —el sentido de la vida y el sentido de la totalidad del mundo— es, con pocas excepciones, de naturaleza gnoseológica, y dice que ambas categorías de sentido no pueden ya captarse de forma racional o intelectual (por ejemplo, Frankl / Kreuzer 1982>2000, 53). No obstante, la posición gnoseológica de Frankl puede interpretarse en el sentido de que, por lo menos, presupone implícitamente la existencia de un sentido de la vida y así como la de un sentido de la totalidad del mundo, sólo que éstos no son fáciles de captar. Por otra parte, ambos conceptos de sentido se distinguen en este punto metafísicamente: según Frankl, el sentido de la vida (es decir, de la vida individual) se hace accesible —si es que acaso se hace accesible— sólo si estamos en condiciones de captar una imagen de conjunto de nuestra propia vida:

> La película tiene un sentido global que sólo podemos descubrir si contemplamos la totalidad de las secuencias de imágenes. Así, en el mejor de los casos, el sentido de la vida únicamente se nos descubre al final del trayecto. (Véase pág. 130).

Según ello, la captación de las relaciones contextuales íntegras de una vida manifiesta, en el mejor de los casos, un sentido. Pero Frankl insiste en que esto presupone que hayamos reconocido, asumido y realizado con suficiente frecuencia el sentido de las situaciones concretas. La respuesta a la pregunta por el sentido de la vida se da, por tanto, dentro del mundo: somos nosotros mismos los que la damos. Por eso, aun cuando la pregunta general por el sentido de la vida pueda tener un carácter metafísico, en el marco de la logoterapia la respuesta resulta muy pragmática: el sentido de la vida no se determina por la revelación y la fe, sino que su despliegue se hace posible por medio de la plasmación de la propia vida en la medida en que tal plasmación tiene plenitud de sentido.

Frente a ello se encuentra ahora el tercer concepto de sentido, tematizado asimismo sobre todo por la religión (y relativamente poco por Frankl): el sentido de la totalidad del mundo. También aquí nos encontramos con un aspecto determinantemente intra-mundano, pues, al igual que en los dos primeros conceptos de sentido, la toma de posición frente a la última pregunta por el sentido resulta también, según Frankl, en base a una decisión consciente. Con ello terminan, empero, los aspectos comunes de los tres conceptos de sentido. En efecto: a diferencia del sentido de la situación y del sentido de la vida, la única posibilidad que tiene el hombre de decidir con relación a la última cuestión del sentido estriba en creer o no creer, y no en realizar o no realizar una determinada posibilidad de sentido.

Dicho con otras palabras: el sentido de la totalidad del mundo puede asumirse o no, pero su realización no depende en modo alguno del hombre.

Este modelo garantiza también la neutralidad de la logoterapia en cuestiones de cosmovisión: la decisión acerca de la última pregunta por el sentido no sólo no puede responderse de forma objetiva sino que, por su imposibilidad de captación racional, ningún hombre tiene más atribuciones que otro para cuestionar o juzgar la decisión de otro —tal es el argumento gnoseológico de Frankl—. Como, además, la existencia propia del sentido de la totalidad del mundo ya no depende de la captación y realización por parte del hombre, la respuesta del individuo a la pregunta religiosa tampoco puede medirse desde la perspectiva de su responsabilidad ni tampoco deducirse de ella: el conocimiento de un sentido de la totalidad del mundo podrá ofrecer un anclaje metafísico más profundo en la orientación de sentido del ser humano, pero el reconocimiento o no reconocimiento de tal anclaje no exime por ello al hombre religioso más que al no religioso de hacer justicia en su vida cotidiana a los otros dos conceptos de sentido. Por eso, si bien Frankl toma la pregunta por el sentido de la totalidad del mundo como fenómeno dado (en cuanto ha sido planteada por los hombres en todos los tiempos), en la medida en que la logoterapia se abstiene de toda imposición, no ofrece ninguna respuesta obligatoria para todos, ni menos aún determina en algo más la fe absoluta en el sentido en cuanto al contenido o en cuanto a la confesión religiosa:

> La logoterapia debe manejarse más acá de la fe en la revelación y responder al interrogante por el sentido desde más acá de la bifurcación que divide la visión del mundo en teísta y ateísta. (Frankl 1972/1982>2002, 114)

En consecuencia, el concepto de sentido como posibilidad concreta de vivencia, de acción o de actitud, central para la logoterapia, no está religiosamente fundado y, por regla general, ni siquiera pretende aproximarse a las preguntas de orden religioso. Comúnmente, tales preguntas ni siquiera llegan a plantearse en la aplicación de la logoterapia como psicoterapia y como línea directriz de vida. Antes bien, en ella se trata de las posibilidades de sentido con las que el hombre individual está llamado a confrontarse, y las que está llamado a descubrir y a realizar en cada situación de vida: posibilidades de sentido que no sólo varían de persona a persona sino también, dentro de una misma vida, de situación a situación.

Una vez más en contraposición con las afirmaciones «eternas» de la religión, estas posibilidades de sentido de la vida cotidiana se desarrollan en la dimensión temporal y, con ello, dependen, justamente por su continua transitoriedad e irrepetibilidad, del empeño del hombre. Por tanto, el llamamiento concreto del sentido se funda en última instancia de forma intra-mundana en la responsabilidad «como fondo esencial de la existencia humana» (Frankl 1946a/1998, 280). Esta oferta de sentido se dirige tanto al hombre religioso como al no religioso de la misma forma y con el mismo carácter comprometedor: según Frankl, ambos disponen de la misma medida de libertad y responsabilidad para descubrir y realizar la posibilidad más digna de ser realizada que aguarde en cada situación dada. Ambos obtienen provecho (*per effectum*) en psico-higiene, pues ambos tienen de forma innata la motivación del sentido, y no porque sean religiosos o no, sino simplemente porque son hombres y, en cuanto tales, poseen una dimensión espiritual cuya expresión esencial es la búsqueda de sentido.

Con otras palabras, si el sentido concreto de la logoterapia está vinculado al hombre, y éste se encuentra vinculado a la responsabilidad en la realización del sentido, el camino de la religión es el inverso: en la logoterapia, es el hombre el que da respuesta; en la religión, el hombre es quien recibe la respuesta. En la primera, el sentido es lo que cada uno contempla y realiza en una situación concreta; en la segunda, la respuesta se da antes de que se plantee la pregunta, y hasta con independencia de que alguna vez se plantee.

La acentuación de la logoterapia en el sentido concreto muestra a las claras por qué Frankl trata con frecuencia relativamente baja la pregunta religiosa por el sentido. Y cuando la trata, lo hace, en la mayoría de los casos, para aclarar y delimitar el concepto logoterapéutico clásico de sentido con respecto a preguntas de sentido de orden más metafísico. Más allá de ello, en las ocasiones en que, a pesar de lo dicho, Frankl se manifiesta ocasionalmente a propósito de las preguntas últimas por el sentido, no sólo para establecer una delimitación, sino también para expresar un contenido y dejando traslucir a veces su propia visión personal, lo hace siempre con una gran reserva, sabiendo tanto acerca de los límites gnoseológicos de esta pregunta como también acerca de la plena validez de toda respuesta y actitud posible ante la pregunta por el sentido último (por lo menos desde la perspectiva del médico y psicoterapeuta).

Este libro representa en cierto modo la excepción a esa regla, pues, aquí, la situación de partida es ya esencialmente diferente. Como persona privada y, además, en una conversación de tono sumamente amistoso, Viktor Frankl habla aquí de forma inusualmente abierta sobre sus concepciones personales de fe. Ya se sabía —o, por lo menos, se daba a menudo por sabido— que Frankl era un hombre creyente; que, ante los golpes que había sufrido en su vida (entre ellos ciertamente el más fuerte, sus tres años en los campos de concentración de Theresienstadt, Auschwitz, Kaufering y Türkheim), no había estado dispuesto a abandonar su fe; y que, a lo largo de toda su vida, se había encontrado con los representantes de numerosas creencias, más allá de las fronteras confesionales. Pero, aun sabiendo de su condición de creyente, algunos pasajes del libro resultan particularmente notables en cuanto son pocas las veces en que Frankl se manifestó de forma tan abierta acerca de sus concepciones religiosas personales. Tanto más necesario parece entonces advertir nuevamente acerca del carácter íntimo y personal de esta conversación: sobre todo cuando describe su vinculación personal a sus raíces de fe, Frankl no habla ya como psiquiatra y neurólogo ni tampoco en nombre de la logoterapia en general sino como persona privada ante la pregunta religiosa por el sentido de la totalidad del mundo.

Por eso mismo, este diálogo se presta para un cotejo con las líneas directrices del enfrentamiento con el sentido de la totalidad del mundo formuladas por Frankl en el contexto de su obra logoterapéutica íntegra. Tales líneas señalan que la pregunta última por el sentido no puede captarse del todo de forma racional; que, desde la perspectiva de la psicología o la medicina, tampoco resulta comprobable que una respuesta sea más correcta o de validez más general que otra; y que la logoterapia como escuela psicoterapéutica no está vinculada, a modo de cosmovisión, a determinados contenidos concretos de fe. Teniendo en cuenta estas restricciones, el presente opúsculo permite por vez primera arrojar, a lo largo de muchas de sus páginas, una mirada más profunda hacia la fe personal de Frankl. No obstante, eso no implica que permita extraer consecuencias esencialmente nuevas acerca de las perspectivas religiosas de la logoterapia en cuanto tal. Así quisiera leerse y entenderse este libro: como testimonio personal de la profunda amistad entre dos interlocutores que, a veces a pesar y no a causa de su trasfondo profesional y académico, discuten abiertamente las preguntas fronterizas de la religión y la filosofía y, al hacerlo, revelan captaciones a veces insospechadas y extraordinarias.

Dr. Alexander Batthyany
Viktor Frankl Institut, Viena

VIKTOR FRANKL*

Su vida y su obra

Viktor Emil Frankl nació el 26 de marzo de 1905 en Viena-Leopolstadt. Era el segundo hijo de Gabriel y Elsa Frankl, cuyo apellido de soltera era Lion. Su padre había nacido el 18 de marzo de 1861 en la aldea de Pohrlitz (Phorelice), en el sur de Moravia. Durante más de seis años había sido taquígrafo del Parlamento de la Primera República, después de lo cual prestó servicios durante 25 años como asistente personal del ministro Joseph Marie von Bärnreither y llegó a ocupar finalmente el cargo de Director de la sección ministerial para protección de la infancia y bienestar de la juventud.

La madre de Viktor Frankl, Elsa, era hija de Jakob y Regina Lion y había nacido el 8 de febrero de 1879 en Praga. Era descendiente del rabino Rasi (Salomón Ben Isaac, 1040-1105), con cuyo nombre se designa la así llamada «letra Rasi» —una tipografía utilizada para imprimir de forma diferenciada los

* Traducción de Roberto H. Bernet.

comentarios junto al texto sagrado de la Biblia y el Talmud, así como del célebre Maharal, el rabino Löw, de Praga (Judá Ben Bezalel Liwa, 1525-1609).

Ya durante sus estudios secundarios, Viktor Frankl tomó contacto con las ideas del científico naturalista y filósofo alemán Wilhelm Ostwald y con las del fundador de la psicología experimental, Gustav Theodor Fechner. Sobre todo este último despertó en Frankl el interés por la psicología. Frankl, que era un alumno aventajado, comenzó pronto a «recorrer caminos propios» (Frankl 1995, 28) y a asistir a clases de psicología general y experimental en la Universidad Popular [*Volkshochschule*]. En esos tiempos de búsqueda y reconocimiento intelectual tuvo lugar asimismo su primer encuentro con el psicoanálisis de Sigmund Freud, doctrina que Frankl pudo conocer y en la que pudo profundizar, entre otras fuentes, a través de los psicoanalistas Paul Schilder y Eduard Hitschmann.

Frankl mantuvo correspondencia periódica con Freud ya desde su época de estudiante secundario. En 1922, teniendo apenas 17 años, envió a Freud un escrito propio acerca del surgimiento y la interpretación de la afirmación y negación mímica. Este trabajo fue publicado dos años después en la *Internationale Zeitschrift für Psychoanalyse* por expreso deseo de Freud (Frankl 1924).

Sin embargo, poco tiempo después, Frank comenzó a distanciarse del psicoanálisis freudiano y a acercarse de forma creciente a la psicología individual de Alfred Adler. En 1925, Frankl publicó en la *Internationale Zeitschrift für Individualpsychologie* el trabajo titulado «Psychotherapie und Weltanschauung» [«Psicoterapia y cosmovisión»] (Frankl 1925), en el que procura iluminar el ámbito fronterizo entre la psicoterapia y la filosofía y, sobre todo, las preguntas fundamentales sobre el sentido y los valores, pertenecientes a ese ámbito. En esos años, Frankl publicó además una revista propia de psicología individual: *Der Mensch im Alltag* [*El hombre en la vida cotidiana*], y también en esta actividad comenzaron a perfilarse ya los *leitmotivs* de su obra. Así, Frankl publicó en su revista un artículo titulado «Vom Sinn des Alltags» [«Sobre el sentido de la vida cotidiana»] (Frankl 1927), que, en muchos de sus párrafos, hace pensar ya en los posteriores trabajos explícitamente logoterapéuticos del autor.

En 1926, mientras Frankl continuaba publicando artículos sobre sus temas principales y daba numerosas conferencias en Austria y en el extranjero, se le encomendó el dictado de la conferencia principal y fundamental en el Congreso Internacional de Psicología Individual de Düsseldorf. Fue en esa ocasión que Frankl utilizó por vez primera el concepto de «logoterapia» para designar una psicoterapia que, además de aclarar y curar conflictos y dificultades psíquicas, se dirigía a la dimensión espiritual del ser humano. Siete años después, en 1933, Frankl habría de pronunciar en una conferencia semejante la caracterización y determinación complementaria del «análisis existencial», la línea de pensamiento e investigación antropológica que fundamenta filosóficamente la logoterapia y la profundiza en la dimensión de la atención terapéutica de las personas.

La profundización de Frankl en su línea psicológica condujo a un progresivo distanciamiento respecto de Adler. Ya en 1927, pocos meses después de que los maestros y mentores de Frankl, Rudolf Aller y Oswald Schwarz, hicieran pública su renuncia a la Asociación de Psicología Individual, Frankl fue excluido de la agrupación por deseo personal de Adler, por sostener «concepciones no ortodoxas».

A esa expulsión siguieron años llenos de actividad en los que Frankl siguió produciendo gran número de publicaciones pero reuniendo al mismo tiempo experiencias esenciales en la práctica psiquiátrica y psicoterapéutica, que marcaron el desarrollo ulterior de la naciente logoterapia. Ya en 1926, impulsado por el ejemplo de las instituciones de ayuda terapéutica de Wilhelm Börner en Viena y de Hugo Sauer en Berlín, dedicadas a personas cansadas de la vida, Frankl había advertido acerca de la necesidad de erigir lugares de atención terapéutica de la juventud (por ejemplo, Frankl 1926a, 1926b). Poco después sería él mismo el que, en común con amigos y colegas del círculo en torno a Adler —entre ellos August Aichhorn, Erwin Wexberg, Rudolf Dreikurs y Charlotte Bühler—, pondría por obra su propia exigencia de contar con instituciones de acompañamiento de la juventud. En efecto, a partir de 1928, Frankl organizó, primero en Viena y, después, siguiendo el ejemplo del grupo vienés, en otras seis ciudades austriacas, centros de atención juvenil en los que los jóvenes que se encontraban en dificultades psíquicas podían recibir atención psicoterapéutica de forma gratuita. El servicio tenía lugar en los domicilios o consultorios particulares de los colaboradores voluntarios del proyecto, y, así, también en la casa paterna de Frankl, sita en la Czernygasse 6, que aparece indicada asimismo como dirección de contacto en todas las publicaciones y los volantes que editaba el grupo. Frente al notable incremento de los suicidios de jóvenes en edad escolar en el contexto de la entrega de las calificaciones anuales, Frankl organizó a partir del año 1930 acciones extraordinarias para ayudar a los estudiantes hacia el fin de cada ciclo escolar anual. Ya el primer año de esa acción pudo alcanzarse una significativa reducción de los guarismos de suicidio de escolares. En 1931, el éxito fue aún mucho más contundente: por primera vez en muchos años no hubo en Viena ningún suicidio estudiantil en el tiempo de la entrega de las calificaciones anuales (Frankl 1931). Hasta 1930, el nombre de Frankl aparece todavía en los pósters y volantes de los centros de atención juvenil sin indicación de título académico; a partir de ese año, encontramos por primera vez la abreviatura «Dr. med.» precediendo su nombre. Ese año, además de su actividad en los centros de atención juvenil, de sus numerosas publicaciones y sus extensas giras como conferencista, Frankl había concluido con éxito sus estudios de medicina y había iniciado su formación como especialista en neurología y psiquiatría, primeramente en el Hospital Psiquiátrico Universitario, bajo la tutoría de Otto Pötzl, a partir de 1931 bajo la de Josef Gerstmann en el Marien-Theresien-Schössel, y, de 1933 a 1937, en la Clínica Psiquiátrica Am Steinhof. Esta última institución había confiado a Frankl la dirección del así llamado «pabellón de mujeres suicidas», donde atendía a unas 3.000 pacientes anuales. Además de su vasta actividad médica en la clínica Steinhof, Frankl seguía adelante con su investigación científica. Así, describió, entre otras cosas, la teoría del «fenómeno del *corrugator*» en las psicosis esquizofrénicas de fuerte desarrollo (Frankl 1935) y advirtió sobre la necesidad de un «apoyo medicamentoso de la psicoterapia» (Frankl 1939) como medida de acompañamiento terapéutico sobre todo en casos de neurosis y psicosis graves.

Si bien, al comienzo, en la edición de su revista *Der Mensch im Alltag* y en su actividad de atención de estudiantes, Frankl se había dedicado de forma preponderante a la profilaxis de crisis y a la psico-higiene, el campo de acción propiamente psiquiátrico de su naciente teoría se amplió: durante su tiempo de actividad en el pabellón de mujeres suicidas en la clínica Steinhof, Frankl se vio confrontado con sufrimientos profundos pero vio al mismo tiempo los recursos espirituales con los cuales los seres humanos podían salir adelante en la lucha por las auténticas posibilidades de una vida llena de sentido aun frente al sufrimiento, la culpa y la muerte. Más adelante, Frankl habría de decir que, en aquel entonces, los pacientes se convirtieron en sus maestros. Según él mismo atestigua, intentó entonces «olvidar lo que había aprendido del psicoanálisis y de la psicología individual» (Frankl 1995, 52). El lugar que habían ocupado sus maestros y mentores pasó a ser ocupado por la dedicación a sus pacientes y, así, a la pregunta por aquello que podía contribuir a su curación y sanación, más allá de las medidas psiquiátricas y psicoterapéuticas inmediatas. En 1938, Frankl publicó su artículo «Zur geistigen Problematik der Psychotherapie» [«Sobre la problemática espiritual de la psicoterapia»], la primera publicación fundamental de logoterapia y análisis existencial de Frankl (Frankl 1938). En este trabajo, Frankl acuñó por primera vez el concepto de «psicología de altura» o «elevada» [*Höhenpsychologie*], como alternativa o complemento de la «psicología profunda» [*Tiefenpsychologie*] de Sigmund Freud y Alfred Adler. Este nuevo enfoque no se limita a penetrar en las honduras de los conflictos intra-psíquicos sino que encara también las inquietudes espirituales, trans-mórbidas del paciente y les reconoce vigencia en toda su autenticidad.

Tras la ocupación de Austria por los nazis en 1938, Frankl sólo pudo trabajar de forma limitada como médico. Así, debió cerrar un consultorio privado que había abierto poco tiempo antes. En la Viena nacionalsocialista, los médicos judíos tenían prohibido atender a pacientes no-judíos: en su condición de así llamados «tratadores de judíos», sólo tenían autorización para atender a pacientes judíos. En 1940 se ofreció a Frankl la dirección de la estación neurológica de la comunidad cultual israelita (Hospital Rothschild), posición que aceptó agradecido, sobre todo porque, por el momento, le garantizaba tanto a él como a sus familiares la protección frente a la deportación. Frankl dejó caducar un visado para entrar a Estados Unidos a fin de proteger a sus padres de la deportación.

Además, en el Hospital Rothschild, Frankl pudo continuar su actividad como médico. Ya en el marco de su acción con los estudiantes en 1930 y, después, durante su actividad en el pabellón de mujeres suicidas de Steinhof, se había sentido comprometido como médico con la tarea de proteger y salvar como y donde pudiese vidas humanas. También en la nueva situación se dedicó a su vocación: al comienzo solo y, después, con ayuda de Otto Pötzl, que tenía entonces la dirección de la sección neurológica de la Clínica Universitaria de Viena, protegió a numerosos pacientes psiquiátricos judíos del programa de eutanasia de Hitler por medio de diagnósticos falsificados, corriendo gran riesgo personal (Neugebauer 1997).

Los judíos de Viena sufrían en ese tiempo bajo el peso de la penuria, la desesperación y el miedo. En tales condiciones de vida —y, en parte, bajo la sombra de una inminente deportación—, muchos judíos vieneses se suicidaban. A veces llegaban a diez los pacientes que eran ingresados diariamente en el Hospital Rothschild por intento de suicidio. Desde la perspectiva actual, resulta casi imposible representarse qué penuria se sufría en esos tiempos y cómo esas penurias obligaban a actuar especialmente a quienes, como Frankl, se sentían comprometidos por el juramento hipocrático de defender la vida, más aún en un tiempo en que el valor y la dignidad de la vida humana eran cuestionados sistemáticamente por los nazis en el poder. Particularmente sobre el trasfondo de su anterior actividad en la atención de las personas cansadas de la vida y de los jóvenes en crisis así como de las miles de pacientes suicidas en el pabellón de suicidas del Steinhof,

Frankl se sentía llamado a ayudar, sanar y salvar mientras pudiese. Impulsado por la convicción de que «no hay que dejar de hacer nada de lo terapéuticamente posible» (Frankl 1942), desarrolló una propia técnica invasiva por medio de la cual intentaba salvar a pacientes con severísimas intoxicaciones por somníferos (Frankl 1942).

El 17 de diciembre de 1941, Viktor Frankl contrajo matrimonio con su primera esposa, Tilly Grosser, que trabajaba como enfermera en la estación de medicina interna del Hospital Rothschild. Poco después del casamiento de Tilly y Viktor Frankl, la ya tensa situación de los judíos de Viena empeoró aún más. El Hospital Rothschild fue clausurado y, con esa medida, caducó también la protección contra la deportación de los médicos, las enfermeras y sus familiares directos. Frankl tomó consciencia de una inminente amenaza: «de un día para el otro, debí contar con ser deportado junto con mis padres» (Frankl 1995, 63).

En septiembre de 1942, pocos meses después de haber dejado caducar el visado que le habían extendido para entrar a Estados Unidos, Viktor Frankl, su mujer Tilly, sus padres Gabriel y Elsa Frankl, y la abuela de Tilly, Emma Grosser, debieron congregarse junto con cientos de otros judíos vieneses en el «punto de reunión», el Instituto secundario de la Sperlgasse. Frankl, que ya tenía treinta y siete años, debió despedirse de casi todo lo que podía recordarle su vida hasta el momento. Por lo menos pudo llevar consigo el original mecanografiado de la obra principal de la logoterapia, *Psicoanálisis y existencialismo* [título *original: Ärztliche Seelsorge*], cosiendo las hojas al forro de su abrigo. Presionado por los acontecimientos y presintiendo la amenaza de la deportación, Frankl había terminado de escribir recientemente el libro. Ahora, esperaba que hubiese aunque tan solo fuese una pequeña expectativa de mantener en pie la quintaesencia de la logoterapia, aunque su destino personal era más que incierto. Sin embargo, también la esperanza relacionada con su libro se desvaneció: Frankl debió dejar el original en Auschwitz, en octubre de 1944.

Todo aquello que la familia había vivido hasta ese momento en cuanto a restricciones y represiones en la Viena nacionalsocialista se presentó aquel día con la concentración en la Sperlgasse como una pálida visión anticipada de lo que habría de venir después: era el inicio de una viaje de tres años hasta los límites mismos de la capacidad de resistencia humana, itinerario que habría de llevar a Frankl por los campos de concentración de Theresienstadt, Auschwitz, Kaufering y Turkheim. Sus padres, su hermano y su esposa no sobrevivieron el campo de concentración.

Tras su liberación del campo de concentración, el 27 de abril de 1945, Frankl regresó enseguida a Viena y comenzó de inmediato a reconstruir la obra que había terminado de escribir antes de su deportación: *Psicoanálisis y existencialismo*. En la nueva versión del libro, Frankl presenta de forma sistemática la logoterapia y el análisis existencial y, con esa obra, funda una línea psicoterapéutica independiente a la que suele darse también el nombre de tercera línea de la psicoterapia vienesa después de Freud y Adler (Soucek 1948) y que coloca en el centro del actuar terapéutico la motivación por el sentido, la libertad, la dignidad y la responsabilidad humanas (Frankl 1946a>1978). Poco después de terminar *Psicoanálisis y existencialismo*, Frankl escribió en un lapso de pocos días su relato autobiográfico sobre las vivencias tenidas en el campo de concentración (Frankl 1946b>2004).

De este libro, que lleva el programático título de *El hombre en busca de sentido* [original: *...trotzdem Ja zum Leben sagen. Ein Psychologe erlebt das Konzentrationslager* (literalmente: ...*A pesar de todo, decir sí a la vida. Un psicólogo vive el campo de concentración*)], se han vendido ya cerca de diez millones de ejemplares en más de 150 ediciones. La Library of Congress, de Washington, lo ha elegido como uno de los diez libros que más influencia han tenido en Estados Unidos.

En febrero de 1946, Frankl fue llamado a ocupar la presidencia del Departamento de Neurología de la Policlínica de Viena, puesto que mantuvo durante 25 años, hasta su jubilación. Poco después, contrajo matrimonio con su segunda esposa, Eleonore Schwindt. Sobre ella diría después el importante filósofo estadounidense Jacob Needleman, refiriéndose al matrimonio y a la colaboración entre Viktor y Eleonore Frankl: «Ella es la calidez que acompaña la luz». En 1947 nació de ese matrimonio su hija Gabriele Frankl.

Ese mismo año aparecieron más artículos y libros de Frankl, entre ellos *La psicoterapia en la práctica médica* [*Die Psychotherapie in der Praxis*]. Junto a *Psicoanálisis y existencialismo*, este libro es una de las exposiciones más extensas de la logoterapia y del análisis existencial, que presenta sobre todo la práctica de la logoterapia aplicada en base a líneas directrices de diagnóstico y terapia (Frankl 1947>1956/1995). Después siguieron numerosas publicaciones en las que Frankl profundizó la teoría y práctica de la logoterapia y del análisis existencial e hizo que los ámbitos de aplicación de su forma terapéutica se hiciesen accesibles a un vasto público. En total fueron treinta los libros que publicó Frankl durante su vida.

Si, con la edición de *Psicología y existencialismo*, la logoterapia había despertado gran interés primeramente en el ámbito de habla alemana, en los últimos años de la década de 1950 ese interés habría de extenderse cada vez más a la comunidad científica internacional. Frankl fue invitado a dar conferencias, seminarios y clases en todo el mundo. También en

Estados Unidos se despertó de forma creciente el interés en Frankl. Así, el psicólogo vienés fue llamado a dar clases en la Universidad de Harvard, de Boston, así como en las Universidades de Dallas y Pittsburgh. La United States International University de California fundó expresamente para Frankl un instituto y una cátedra de logoterapia. En total fueron 209 las universidades de los cinco continentes que invitaron a Frankl a dictar conferencias y clases extraordinarias. En el marco de la creciente difusión de la obra científica de Frankl en el ámbito universitario, la logoterapia se desarrolló también como una línea de metodología de la investigación, realizándose numerosos estudios científicos centrados en la investigación empírica de las bases, los conceptos y la eficiencia clínica de la logoterapia. Hasta el día de hoy, sólo en las revistas especializadas en psicología y psiquiatría han aparecido más de 600 artículos que convalidan el modelo psicológico de Frankl y su aplicación terapéutica (Batthyany / Guttmann 2005). A ellos se agrega un número igualmente elevado de otras publicaciones que investigan la logoterapia, sus bases teóricas y sus numerosos ámbitos de aplicación (Vesely / Fizzotti 2004).

Más allá de su actuación científica, Frankl se dedicó también de forma preponderante al gran público interesado en general: sobre todo su captación y comprensión de los problemas e inquietudes de su tiempo han contribuido esencialmente al éxito y la difusión de la logoterapia y del análisis existencial. El mensaje de Frankl, —su fe incondicional en la dignidad de la persona y en el sentido de la existencia, por frágil que éste se haya hecho; y su apelación a la libertad y a la responsabilidad individuales de hacer que, en cada situación, y por vacía de sentido que parezca, se imponga la mejor posibilidad—, todo ello ha llegado y sigue llegando a los hombres, y ha tenido tanto más credibilidad en la medida en que el mismo Frankl no sólo anunciaba este mensaje en el marco de un modelo psicológico elaborado en sus detalles y clínicamente aplicable, sino que, evidentemente, también lo vivía. Esto explica asimismo la vasta resonancia que ha tenido la obra de la vida de Frankl: universidades del mundo entero le han concedido 29 veces el doctorado *honoris causa*, se le han conferido numerosas distinciones, entre ellas la Gran Estrella Dorada de Honor al Mérito de la República de Austria y la Gran Cruz al Mérito de la República Federal de Alemania. La American Psychiatric Association concedió a Frankl como primer psiquiatra extranjero el Premio Oskar Pfister, y la Academia de las Ciencias de Austria lo nombró miembro honorario.

Frankl dictó su última clase a la edad de 91 años, el 21 de octubre de 1996, en la Universidad de Viena. Al año siguiente, él y su esposa, la doctora Eleonore Frankl, celebraron sus bodas de oro.

El 2 de septiembre de 1997, Frankl murió de un fallo cardiaco en Viena a la edad de 92 años.

El legado de Frankl a la posteridad ha marcado a generaciones de psiquiatras, psicólogos clínicos y psicoterapeutas. Hoy en día, ese legado sigue actuando a través de sus discípulos y colegas: en los cinco continentes existen tanto institutos académicos como también instituciones privadas de investigación y formación que se dedican a la aplicación y difusión así como a proseguir el desarrollo científico de los ámbitos de aplicación de la logoterapia. En la página de Internet del Viktor Frankl Institut de Viena (www.viktorfrankl.org) puede consultarse una lista internacional de direcciones de sociedades e institutos que trabajan en el sentido de las ideas de Viktor Frankl y que ofrecen asimismo formación psicoterapéutica y de orientación psicológica en logoterapia y análisis existencial. Allí pueden encontrarse también informaciones generales y noticias de actualidad acerca de la investigación y práctica de la logoterapia, como también una vasta bibliografía tanto primaria como secundaria sobre la logoterapia.

DR. ALEXANDER BATTHYANY
Viktor Frankl Institut, Viena

Viena, octubre de 2004

BIBLIOGRAFÍA:

BATTHYANY, ALEXANDER / GUTTMANN, DAVID (2005), *Research in Logotherapy and Meaning-Oriented Psychotherapy*, Phoenix (Arizona): Zeig, Tucker & Theisen.

FRANKL, VIKTOR E. (1924), «Zur mimischen Bejahung und Verneinung», en: *Internationale Zeitschrift für Psychoanalyse* 10, 437-438.*
— (1925), «Psychotherapie und Weltanschauung. Zur grundsätzlichen Kritik ihrer Beziehungen», en: *Internationale Zeitschrift für Individualpsychologie* 3, 250-252.*
— (1926a), «Schafft Jugendberatungsstellen!», en: *Die Mutter*, 31-8-1926.*
— (1926b), «Gründet Jugendberatungsstellen!», en: *Der Abend*, 31-8-1926.*
— (1927), «Vom Sinn des Alltags», en: *Der Mensch im Alltag* III.*
— (1931), «Die Schulschlussaktion der Jugendberatung», en: *Arbeiterzeitung*, 5-7-1931.*
— (1935), «Ein häufiges Phänomen bei Schizophrenie», en: *Zeitschrift für Neurologie und Psychiatrie* 152, 161-162.*
— (1938), «Zur geistigen Problematik der Psychotherapie», en: *Zentralblatt für Psychotherapie* 10, 33-75.*
— (1939), «Zur medikamentösen Unterstützung der Psychotherapie bei Neurosen», en: *Schweizer Archiv für Neurologie und Psychiatrie* XLIII, 26-31.*
— (1942), «Pervitin intrazisternal», en: *Ars Medici (Suiza)* 32, 1, 58-60.*
— (1946a/1998), *Ärztliche Seelsorge. Grundlagen der Logotherapie und Existenzanalyse*, Viena: Deuticke (10ª edición complementada, 1982; edición de bolsillo sobre la base de la 10ª edición vienesa: *Ärztliche Seelsorge, Grundlagen der Logotherapie und Existenzanalyse*, Fráncfort

* Los artículos señalados con asterisco han aparecido reunidos en: FRANKL, VIKTOR E. (2004). *Frühe Schriften. Herausgegeben und kommentiert von Gabriele Vesely-Frankl*, Viena: Maudrich.

del Meno: Fischer, 1987, ⁷1998). [Trad. cast.: (1946a>1978), *Psicoanálisis y existencialismo*, 2ª edición en español sobre la base de la 8ª edición en alemán (Viena), traducción de Carlos Silva, México, etc.: Fondo de Cultura Económica, 1978, 10ª reimpresión 2002.]

— (1946b), *Ein Psycholog erlebt das Konzentrationslager*, Viena: Verlag für Jugend und Volk (edición posterior: ...*trotzdem Ja zum Leben sagen. Ein Psychologe erlebt das Konzentrationslager*, Múnich: Kösel-Verlag, 1977, ⁸2002; edición de bolsillo, con igual título: Múnich: Deutscher Taschenbuch Verlag, 1982, ²⁴2004). [Trad. cast.: (1946b->2004), *El hombre en busca de sentido*, traducción de Christine Kopplhuber y Gabriel Insausti Herrero, Herder: Barcelona.]

— (1947), *Die Psychotherapie in der Praxis. Eine kasuistische Einführung für Ärzte*, Viena: Deuticke. [Trad. cast.: (1947>1956/1995) *La psicoterapia en la práctica médica: una introducción casuística para médicos*, traducción de P. F. Valdés y A. von Ritter-Záhony, Buenos Aires: Plantín (posteriormente, con igual título, Buenos Aires: San Pablo, 1995, ²2003).

— (1972/1982), *Der Wille zum Sinn. Ausgewählte Vorträge über Logotherapie*, Bern: Huber (3ª edición ampliada, 1982). [Trad. cast.: (1972/1982>2002) *La voluntad de sentido. Conferencias escogidas sobre logoterapia. Con una colaboración de S. Lukas*, traducción de la Fundación Arché bajo la dirección de Máximo J. Eckel, Barcelona: Herder ⁴2002.]

— (1995), *Was nicht in meinen Büchern steht. Lebenserinnerungen*, Múnich: Quintessenz, segunda edición revisada (edición de bolsillo, con igual título, Weinheim: Beltz, 2002 y reimpresiones). [Trad. cast.: (1995>1997) *Lo que no esta escrito en mis libros – Memorias*, traducción de Ingrid Ostrowsky, Buenos Aires: San Pablo, 1997.]

— / Kreuzer, Franz (1982), *Im Anfang war der Sinn. Von der Psychoanalyse zur Logotherapie*, Viena: Deuticke. [Trad. cast.: (1982>2000) *En el principio era el sentido*, Barcelona, etc.: Paidós, 2000.]

FREUD, SIGMUND (1927), *Die Zukunft einer Ilusion*, Leipzig etc.: Internationaler Psychoanalytischer Verlag, 1927 (para una edición más reciente: *Studienausgabe*, edición a cargo de A. Mitscherlich, t. 9: *Fragen der Gesellschaft, Ürsprünge der Religion*, Fráncfort del Meno: Fischer, 1974, 135-189). [Trad. cast.: (1927>1986) *El porvenir de una ilusión* = *Obras completas*; ordenamiento, comentarios y notas de James Strachey con la colaboración de Anna Freud, asistidos por Alix Strachey, Alan Tyson y Angela Richards; traducción directa del alemán de J. L. Etcheverry, t. 21: *El Porvenir de una ilusión, El malestar de la cultura y otras obras*, Buenos Aires: Amorrortu, ²1986, 1-56.]

GROM, BERNHARD (1992), *Religionspsychologie*, Gotinga: Vandenhoeck & Ruprecht. [Trad. cast.: (1992>1994) *Psicología de la religión*, traducción de Marciano Villanueva, Barcelona: Herder, 1994.]

NEUGEBAUER, WOLFGANG (1997), «Wiener Psychiatrie und NS-Verbrechen», en: Brigitta Keintzel / Eberhard Gabriel (comp.), *Gründe der Seele: die Wiener Psychiatrie im 20. Jahrhundert. Tagungsbericht, Institut für Wissenschaft und Kunst*, 20./21. Juni 1997, Viena: Picus Verlag, 1999.

SOUCEK, WOLFGANG (1948), «Die Existenzanalyse Frankls, die dritte Richtung der Wiener Psychotherapeutischen Schule», en: *Deutsche Medizinische Wochenschrift* 73, 594.

TILLICH, PAUL (1962), *Die verlorene Dimension. Not und Hoffnung unserer Zeit*, Hamburgo: Furche. [Trad. cast.: (1962>1970), *La dimensión perdida*, Desclée de Brouwer, Bilbao 1970.]

VESELY, FRANZ / FIZZOTTI, EUGENIO (2004), *Internationale Bibliographie der Logotherapie und Existenzanalyse*, Viena: Internationales Dokumentationszentrum für Logotherapie und Existenzanalyse (www.viktorfrankl.org).

PINCHAS LAPIDE*

Su vida y su obra

Al arrojar una mirada retrospectiva a la vida de Pinchas Lapide se tiene la impresión de que dos experiencias tempranas han orientado todo su camino posterior y necesitaron toda una vida para desarrollarse plenamente. Pinchas Lapide nace el 28 de noviembre de 1922 en Viena, hijo único de comerciantes judíos. Crece en una ciudad que no ha tenido parangón en cuanto a multiplicidad cultural y vivacidad intelectual en la Europa del temprano siglo XX y tras la caída de la monarquía austríaca, pero que, al mismo tiempo, está marcada por conflictos étnicos y tensiones sociales. Ya entonces, Viena era el centro de un antisemitismo militante y, sólo una década antes del nacimiento de Lapide, Adolf Hitler había absorbido en esa ciudad el odio hacia los judíos que él habría de consolidar después en ideología de un movimiento político. Es el abuelo quien marca al pequeño Pinchas transmitiéndole una primera expe-

* Traducción de Roberto H. Bernet.

riencia: el conocimiento de la Biblia. Aunque el joven Lapide proviene de un hogar judío más bien adaptado que tradicional, el abuelo le brinda acceso a las sagradas Escrituras de su Pueblo. Tal vez es esa temprana experiencia de la fuerza de las palabras la que no abandonará a Lapide tampoco en el futuro. Como teólogo y estudioso de las religiones no sólo llegará a ser un maestro de la formulación expresiva y fácilmente asimilable, sino que el interés por el lenguaje y las lenguas así como por las cuestiones religiosas será el que marque su futuro camino de formación. Y un camino por cierto inusualmente segmentado: en 1946, Lapide rinde en la Universidad de Viena un examen de intérprete para los idiomas italiano, ruso, francés, alemán e inglés. De 1947 a 1951 estudia en Israel judaística e historia del cristianismo bajo la influencia de Martín Buber. Ese tiempo de estudios se ve interrumpido por la participación de Lapide en la Primera Guerra Árabe-israelí, en 1948. De 1956 a 1958, Lapide se dedica al estudio de la literatura en la Universidad Bocconi, de Milán. En 1964 se lo encuentra de nuevo en Israel, estudiando cristianismo y Nuevo Testamento en la Universidad Hebrea. Al año siguiente, pasa a ser colaborador en el American Institute for Bible Studies, y estudia de forma paralela romanística, politología y medievística, para obtener finalmente en 1968 su primer título académico formal: en la Universidad Hebrea obtiene el magister en romanística, cristianismo temprano y medievística. A esta graduación sigue una estancia de investigación en Alemania, en el Martin-Buber-Institut de judaística de Colonia, donde Lapide concluye su formación en 1971 con la obtención del doctorado. El tema de la tesis doctoral está relacionado una vez más con la religión y el lenguaje: «La utilización del hebreo en las comunidades de religión cristiana, con especial consideración del caso de Israel» [«Die Verwendung des Hebräischen in den Christlichen Religionsgemeinschaften mit besonderer Berücksichtigung des Landes Israel»]. ¿Por qué semejante camino de formación? ¿Por qué obtiene Lapide su primer título universitario formal sólo a mediados de la quinta década de vida? Lo que hoy en día da la impresión de una cierta dejadez en la organización de su estudio, tiene su verdadero contexto en una segunda experiencia temprana de Lapide: en 1938, el joven judío pierde su patria. Tras el Anschluss de Austria, Lapide debe contemplar cómo su padre es obligado a limpiar la calle con un cepillo de dientes. Debe abandonar el Instituto Sperl de enseñanza secundaria, y es internado en un campo de concentración cercano a la frontera checa. Tiempo después dirá Lapide: «cristianos me encerraron en el campo de concentración, y cristianos me ayudaron a huir». Gracias a esa ayuda logra huir a través de Checoslovaquia a Polonia y, después, a Inglaterra. Allí encuentra asilo por un año en casa de un campesino. Sin embargo, en 1940, Lapide parte también de Inglaterra. Con el último barco que realiza el viaje llega a territorio de Palestina, hasta ese momento bajo dominio inglés. También aquí trabaja nuevamente primero en la agricultura, pero se une después a la brigada judeo-inglesa bajo la conducción del general Montgomery. Lapide combate en Italia. Terminada la guerra, sus conocimientos de idioma le permiten cumplir la función de oficial de enlace entre rusos y estadounidenses en Viena. En 1947, Pinchas Lapide regresa a Israel, deja los estudios, entra a prestar servicios en el Ministerio de Relaciones Exteriores de Israel y, en 1955, es nombrado cónsul y agregado de prensa israelí en Milán. En 1958 es destinado a Río de Janeiro con el cargo de primer secretario de la Embajada y de agregado cultural, para regresar a Israel en 1960. Entre 1962 y 1964 trabaja como coordinador del equipo del Ministerio del Interior de Israel encargado de preparar la visita del papa Paulo VI a Tierra Santa. A partir de 1964 es director de publicaciones de la oficina oficial de prensa del Presidente del Consejo de Ministros de Israel y vicedirector de la oficina estatal de prensa del país. Pronto se insinúa ya que Lapide no halla en esa tarea la plenitud que busca. Ya en los inviernos de 1966 y 1968 emprende por encargo del gobierno de Israel giras como conferencista a universidades e iglesias en Estados Unidos. En 1969 se le concede un año sabático para realizar estudios en el Martin-Buber-Institut de Colonia. Finalmente, obtiene en 1971 el doctorado y se establece por último en Fráncfort del Meno respondiendo a numerosas invitaciones de universidades e iglesias.

¿Se cierra el círculo con este traslado a Alemania? ¿Encuentra acaso aquí su hogar el deportado Lapide, después de años de inestabilidad en los que estudió y trabajó en países y entornos siempre nuevos? La tentación de responder afirmativamente a esa pregunta es grande: a fin de cuentas, Lapide vivió y trabajó como escritor independiente en Fráncfort del Meno hasta su muerte, el 23 de octubre de 1997. Pero tal inferencia no captaría de forma suficiente los hechos. En efecto: hay que tener presente quién emigra aquí de qué país a qué otro país, y considerar qué significan esos datos. El judío Lapide había sido deportado de su patria de juventud por alemanes. Y es el judío Lapide el que, dejando la tan largamente ansiada patria de todos los judíos, se establece en un país sobre el que pesa la responsabilidad histórica por tremendos crímenes cometidos contra el pueblo judío.

Sin embargo, el significado de ese traslado no se agota en la motivación privada. Lapide es ya un hombre demasiado conocido en la opinión pública como para obrar de ese modo. Él da un paso que llama la atención, que es recibido con sorpresa por los alemanes, con consternación y hasta con indignación por no pocos judíos. Aquél que, como joven, fue perseguido a través de muchas fronteras y que, hasta bien entrada la quinta década de su vida, sigue partiendo una y otra vez a países diferentes, no rehúye la alabanza ni la crítica.

Donde hay fronteras, hay diferencias. Donde hay fronteras, hay delimitaciones, distanciamientos, hasta llegar a la hostilidad. Pero sólo donde hay fronteras es posible una vecindad, se construyen puentes de entendimiento.

Éste será ahora el gran tema de la vida de Lapide. En el país de los victimarios, el judío Lapide abre la posibilidad de tender un puente de reconciliación. El punto de orientación para las numerosas publicaciones que, a partir de entonces, preparamos en común, será la religión y, en particular, la Biblia. Éste es el campo en el que Lapide busca el diálogo.

Él explica, pues, que el rechazo y hasta la hostilidad hacia los judíos por parte del cristianismo, que el anti-judaísmo que se encuentra también en la Biblia y, sobre todo, en la tradición interpretativa de las Iglesias, es, tal vez, la razón más importante por la cual el Holocausto haya podido darse tan sin objeciones en una nación marcada por el cristianismo. Porque, en Alemania, los judíos no sólo se veían marginados ya desde siempre como judíos, sino que se habían visto expuestos una y otra vez a la violencia social y estatal. Más allá de unas pocas excepciones, los «asesinos de Cristo» no podían esperar allí ayuda y solidaridad. En este contexto, Lapide suele traer a la memoria que, a fin de cuentas, los judíos se habían establecido en este país antes que los cristianos. Del mismo modo, hace referencia al amor sin límites que los judíos han demostrado por Alemania, tal como ha quedado demostrado, por ejemplo, en la Primera Guerra Mundial, en la que 100.000 hombres judíos prestaron servicio en el ejército alemán, entre ellos 30.000 voluntarios y, lamentablemente, también 12.000 caídos.

En este punto se inserta la «consciencia de misión» del trabajo de Lapide. A él le importa hacer presentes los motivos que llevaron al alejamiento de Iglesia y Sinagoga. Se trata de entender lo que ha sucedido desde entonces. Y, por último, Lapide quiere aspirar a la reconciliación.

Él halla el punto de partida de sus esfuerzos transgrediendo una vez más una frontera: Lapide se dedica a una colección de textos que, como judío, debería serle religiosamente indiferente. Lapide se dedica a la Escritura fundamental del cristianismo, al Nuevo Testamento. Y aquí —¿cómo podría ser de otro modo en él?—, será la lengua la destinataria de su especial atención. Pinchas Lapide recuerda que el Nuevo Testamento, tal como los cristianos lo leen en la actualidad, surgió originalmente en una lengua muy distinta. Insiste Lapide: «durante un milenio y medio, la cristiandad se dio por satisfecha con la Vulgata latina, que no es más que una traducción de una traducción, para avanzar después, paso a paso, hacia el texto griego. Hoy en día, se va haciendo cada vez más claro que, sin el hebreo y el arameo, no puede obtenerse ninguna comprensión auténtica ni del espíritu ni del texto original de los Evangelios. Pues ni Jesús ni su comunidad cristiana primitiva con sus primeros agentes de transmisión doctrinal pensaron en griego o en latín. Sólo la *hebraica veritas*, tan hiperbólicamente alabada en su momento por Jerónimo, puede llevarnos de regreso a las fuentes».[1] Es un mérito indiscutido de Lapide el haber hecho que los cristianos tomaran consciencia de que el texto del Nuevo Testamento es, en su origen, un texto judío. En las palabras de Franz Mussner, un conocido exégeta alemán, eso significa a su vez que los hombres de la Iglesia primitiva «pensaban, hablaban, escribían y oraban en categorías judías».

---

1. Pinchas Lapide, *Ist die Bibel richtig übersetzt?*, Gütersloh [8]2004, 84s.

Con el trasvase de esa forma originaria del Nuevo Testamento —de tradición inicialmente oral— primeramente al griego y, después, al latín, no sólo cambió el «ropaje» lingüístico de un mensaje. El contenido no existe independientemente de su figura lingüística. Antes bien, cada lengua trae consigo una determinada arquitectura de pensamiento y de expresión, un sonido inconfundible, que no puede imitarse así sin más en otra lengua. Por eso, las traducciones traen consigo modificaciones, faltas de claridad y, en el peor de los casos, malentendidos. Éstos se hacen tanto más fuertes cuanto más hondamente se ven penetradas las representaciones originales por las categorías propias de la lengua a la que se traduce. Por eso, la pregunta acerca de si la Biblia está bien traducida será un foco importante del trabajo de Lapide, foco al que no sólo se dedica en sus publicaciones sino que persigue también en aportaciones radiales y actos académicos, en jornadas eclesiásticas y suplementos culturales periodísticos.[2] En tal sentido puede constatarse también con satisfacción que, desde entonces, se han producido algunas importantes enmiendas en el campo cristiano, y que el trabajo en pro de una atmósfera de reconciliación está produciendo sus frutos.

El que pregunte por la figura lingüística originaria de los Evangelios, el que busque en ellos el «aroma de pensamiento» originalmente hebreo, deberá plantearse también una pregunta más: ¿cómo fueron las cosas desde esta misma perspectiva en el caso de Jesús de Nazaret? También Lapide se plantea esta pregunta, y es él quien redescubre para los cris-

---

2. Franz Mussner, *Traktat über die Juden*, Múnich: Kösel, 1979, citado según Lapide, op. cit., 85 (edición de la obra de Mussner en español: *Tratado sobre los judíos: para el diálogo judeo-cristiano*, Salamanca: Sígueme, 1983).

tianos a Jesús como judío. Esta idea resulta ya chocante para no pocos cristianos, puesto que, como no podría ser de otro modo, la tradición cristiana considera de forma totalmente obvia a Jesucristo dentro del cristianismo. Pero, al hacerlo, se pierde de vista la diferencia entre el hombre histórico de Nazaret y el anuncio sobre él, que condujo siglos más tarde a los símbolos de fe de la Iglesia, símbolos que ya no llevan la impronta del espíritu hebreo de los orígenes sino la del pensamiento helenístico, platónico de la joven Iglesia. En esta transformación se esconde la causa principal del antagonismo entre judaísmo y cristianismo. Es este olvido originario el que ha hecho posible que los cristianos hayan visto en los judíos a enemigos. En este contexto, Pinchas Lapide pone en claro que el mensaje de Jesús hunde en su totalidad sus raíces en el judaísmo. Jesús era un *rabbi* judío, aunque, como constata Lapide, con una inquietud y un destino llenos de notable contenido propio.

La Biblia, y el esfuerzo por hacer más permeables las fronteras, por abrir un diálogo allí donde los antagonismos lo hacen parecer imposible: he ahí dos momentos fundamentales de la vida y obra de Pinchas Lapide. Ambas cosas se encuentran también en la personalísima conversación con Viktor Frankl documentada por este opúsculo. En un diálogo realizado más allá de las fronteras de los diferentes ámbitos científicos, los interlocutores descubren aquí muchas más cosas en común de las que permite sospechar el prejuicio vigente sobre la relación entre psicología y religión. En efecto, ambas tienen una meta en común: la salud del alma y el logro lleno de sentido de la vida humana.

RUTH LAPIDE

Fráncfort del Meno, octubre de 2004

BIBLIOGRAFÍA:

AKADEMIE DER DIÖZESE ROTTENBURG-STUTTGART (comp.) (1993), *Juden und Christen im Dialog, Pinchas Lapide zum 70. Geburtstag*, Stuttgart: Akad. der Diözese Rottenburg-Stuttgart (serie Kleine Hohenheimer Reihe, 25).

EVANGELISCHE AKADEMIE BADEN (comp.) (1996), *Der Chassidismus. Leben zwischen Hoffnung und Verzweiflung*, Bad Herrenalb: Ev. Akad. Baden.

JÜDISCHES BIOGRAPHISCHES ARCHIV / JEWISH BIOGRAPHICAL INDEX (comp.) (1998ss), *Jüdischer Biographischer Index / Jewish Biographical Index*, 4 tomos, Múnich: Saur.

KATHOLISCHE AKADEMIE HAMBURG (comp.) (1999), *In memoriam Pinchas Lapide (1922 - 1997) - Stimme der Versöhnung : ein Brückenbauer zwischen Juden und Christen*, Hamburgo: Kath. Akad. (serie Ansprachen, Reden, Einreden, 8.)

LAPIDE, PINCHAS (1964), *Israel für Pilger*, Fráncfort del Meno: Ner-Tamid- Verlag.

— (1967), *The last three popes and the jews*, Londres: Souvenir Press. [Trad. cast.: (1967>1969) *Los tres últimos papas y los judíos*, traducción de Jesús Pardo de Santayana, Madrid: Taurus] (Ed. alemana: (1967>[3]1998), *Rom und die Juden*, traducción de J. y T. Knust, Friburgo de Brisgovia: Herder.)

— (1976), *Hebräisch in den Kirche*, Neukirchen-Vluyn: Neukirchener Verlag.

— (1976), *Ist das nicht Josephs Sohn? Jesus im heutigen Judentum*, Suttgart: Calwer / Múnich: Kösel (edición de bolsillo, Gütersloh: Gütersloher Verlagshaus, 1983, [5]1999). [Trad. cast.: *¿No es éste el hijo de José?: Jesús en el judaísmo actual*, traducción de Jaime Díez Asensio, Barcelona: Riopiedras, 2000.]

— (1979), *Der Jude Jesus. Thesen eines Juden. Antworten eines Christen*, Zúrich: Benziger / Düsseldorf: Patmos ([3]2003).

— (1980), *Er predigte in ihren Synagogen. Jüdische Evangelienauslegung*, Gütersloh: Gütersloher Verlagshaus, (^{8}2004).
— (1984), *Er wandelte nicht auf dem Meer. Ein jüdischer Theologe liest die Evangelien*, Gütersloh: Gütersloher Verlagshaus, (^{6}2005).
— (1987), *Wer war Schuld an Jesu Tod?*, Gütersloh: Gütersloher Verlagshaus, (^{4}2000).
— (1991), *Heinrich Heine und Martin Buber – Streitbare Gott-Sucher des Judentums*, Viena: Pincus.
— (1993), *Paulus – zwischen Damaskus und Qumran. Fehldeutungen und Übersetzungsfehler*, Gütersloh: Gütersloher Verlagshaus, (^{4}2001).
— (1994), *Von Kain bis Judas. Ungewohnte Einsichten zu Sünde und Schuld*, Gütersloh: Gütersloher Verlagshaus, (^{3}2004).
— (1995), *Soll man dem Kaiser Steuern zahlen?* Maguncia: Matthias-Grünewald-Verlag (cassette con grabación magnetofónica).
— (1998), *Leben vor dem Tod – Leben nach dem Tod? Ein Dialog*, con un colofón de Rita Süssmuth, Gütersloh: Gütersloher Verlagshaus.
— (tomo 1: 1986 / tomo 2: 1994), Ist die Bibel richtig übersetzt?, 2 tomos, Gütersloh: Gütersloher Verlagshaus (^{8}2004).
— *Les Compagnons de San Nicandro ou retour aux sources,* París: Albin Michel, 1961. [Ed. alemana: (1961>1986) *Ein Prophet für San Nicandro: Eine ungewöhnliche Glaubensgeschichte*, traducción al alemán de Katharina Spann, reelaboración de Jakob Laubach, Maguncia: Matthias-Grünewald-Verlag, 1986.]
— / Rahner Karl (1983), *Heil von den Juden? Ein Gespräch*. Maguncia: Matthias-Grünwald-Verlag (^{2}1989).
WEHNER, GERD / LAPIDE, PINCHAS (1994), *Politikerschelte. Vom geringen Ansehen des Politikers*, Asendorf: Mut.

BÚSQUEDA DE DIOS
Y SENTIDO DE LA VIDA

PRÓLOGO

Psicoterapia y teología, ciencia y fe, se han enfrentado o ignorado durante tanto tiempo, y tan inútilmente, que ya va siendo hora de abrir un sincero diálogo entre quienes dedican todo su esfuerzo a conseguir, bien la salvación del hombre, bien su curación. En este sentido, hemos iniciado en Viena, en agosto de 1984, un diálogo abierto que nos ha ayudado a ambos a alcanzar nuevos y prometedores puntos de vista.

El lector hallará en este libro los resultados de este, al menos para nosotros, fructífero intercambio de ideas. Hemos constatado, asimismo, que la búsqueda de la verdad se evidencia en la apertura autocrítica a lo desconocido y que la auténtica tolerancia es consecuencia de la visión de los límites del propio saber y del respeto a las sorprendentes sugerencias que a menudo iluminan, como un cenital rayo de luz, las viejas cuestiones.

Con no menos claridad hemos visto que fe y ciencia son dos caminos de una misma búsqueda de la verdad que nos impulsa poco a poco hacia delante, aunque probablemente nunca hallemos aquí abajo su meta.

Somos plenamente conscientes de haber dado sólo unos modestos pasos, que habrán de proseguirse. Quizás hayamos mostrado a otros una pequeña porción del camino, dándoles ánimo para seguir adelante. Ésta es, al menos, nuestra común esperanza.

VIKTOR FRANKL
PINCHAS LAPIDE

DIÁLOGO ENTRE UN TEÓLOGO Y UN PSICÓLOGO

LAPIDE: Lo que, en mi condición de lector de psicología, desde el punto de vista del campo vecino, la teología, me ha impresionado en su obra son dos cosas: en primer lugar, que usted, más que Freud, Jung y Adler, deja un espacio libre para lo que nosotros designamos con el nombre genérico «Dios»; y, en segundo lugar, el carácter abierto de su logoterapia, que no pretende ser una doctrina y, menos aún, una dogmática, sino un método totalmente abierto, un acercamiento sin prejuicios al hombre en toda su dimensión creatural, que no se comprende aún a sí mismo, sino que se halla constantemente en camino. Martin Buber llegó a decir del conjunto de su obra: «yo no tengo ninguna doctrina, me limito a tomar al lector de la mano, conducirlo a la ventana e invitarlo a contemplar con los ojos bien abiertos el mundo». Tengo la impresión de que lo mismo puede decirse de usted, ¿o acaso me equivoco?

FRANKL: Si se me permite la inmodestia, no se equivoca. Pero me gustaría añadir un par de observaciones a lo que usted ha indicado para poder mostrar en qué sentido lo considero justificado.

Ha hablado usted muy acertadamente de un espacio libre. Me gusta afirmar que, a diferencia de otras formas de psicoterapia, la logoterapia es un método abierto, y precisamente esta apertura me permite considerar lo teológico como una dimensión que trasciende la dimensión antropológica y, por tanto, también la psicoterapia en cuanto tal.

En este sentido, no sólo la dimensión de la salud psíquica es distinta de la dimensión relativa a la salvación del alma, sino que también las finalidades de la psicoterapia y de la religión se sitúan en niveles distintos. En otras palabras: la dimensión en la que se encuentra el hombre religioso es distinta de la dimensión en la que se mueve la psicoterapia.

¿Por qué hablo de dimensión? Así no sólo se manifiesta la diferencia estricta, la diferencia ontológica, sino también lo que yo llamo la «relación inclusiva». En inglés hallamos una expresión aún más precisa: «la dimensión más elevada es la más inclusiva». No existe, por tanto, una relación de exclusividad entre las distintas dimensiones, sino, por el contrario, una relación inclusiva. En otras palabras: una verdad nunca puede contradecir a la otra. En realidad, sólo en la dimensión superior se muestra la auténtica verdad de una dimensión inferior. Así, concretamente, la verdad del hombre no religioso, el incrédulo que sólo obedece a su conciencia y considera a ésta como referencia final —a diferencia del hombre religioso que apoya la conciencia en otra instancia más alta, la divina—, ese ateo, que obedece sólo a su conciencia, no tendría por qué entrar realmente en conflicto con la verdad del hombre religioso. En realidad, el mundo religioso incluye al que podríamos llamar «mundo secular». No tiene por qué haber en ello contradicción alguna. Por eso hablo de dimensiones, pues así se acentúa tanto la diferencia esencial como la correlación, la relación inclusiva entre lo teológico y lo antropológico. En este sentido es correcta su referencia a la apertura de la logoterapia.

Habla usted también del acercamiento al hombre. Habría incluso que llegar a reconocer el hecho de que originariamente el hombre es religioso, ha permanecido religioso a través de la historia, y sólo en los últimos decenios, o siglos, si bien no ha desaparecido, la religiosidad se ha diluido. No ha desaparecido, pues, inconscientemente, el hombre todavía sigue siendo religioso. Podríamos parafrasear un dicho de Freud: «en su inconsciente, el hombre no sólo es más inmoral, sino, en muchos aspectos, también más moral que en su consciente», afirmando que en su inconsciente, el hombre es mucho más religioso de lo que se imagina conscientemente.

Con todo, me interesa muy especialmente la cita que usted hace de Martin Buber referente a «llevar al hombre a la ventana», pues su contenido se halla en total contraste con la tendencia quizás más marcada que se observa en la psicoterapia actual, el psicologismo, que llega a asumir totalmente el subjetivismo y el relativismo, poniéndolos así muy especialmente de manifiesto.

Freudiano en otro tiempo, Fritz Perls, que fundó la psicoterapia de la Gestalt y que, por tanto, es un destacado representante de la psicoterapia actual, dice algo como esto: tú crees hallarte frente a la ventana, pero realmente sólo estás ante el espejo. Lo cual quiere decir que no existe mundo alguno al que yo esté mirando, sino que lo que me encuentro, lo que se me muestra es mi propio Yo, el mundo no es más que expresión de mí mismo, absoluta subjetividad. Esto es algo que tenemos que combatir. En el momento en que ya no hay objetividad alguna, en que olvidamos que el mundo es, en su instancia más profunda y última, un mundo de posibilidades de sentido y de valores que están esperando ser realizados por nosotros en el lapso de tiempo que llamamos nuestra vida, en el momento en que olvidamos eso desaparece toda obligatoriedad con respecto a las posibilidades de sentido y los valores. ¿Por qué he de llevarlos a cabo? Todo ello no es a fin de cuentas más que proyección de mí mismo. El Señor, Dios, es una proyección de mi imagen del padre, previamente interiorizada en forma de Superyó. Haga lo que haga, no intervengo en un mundo, sino que doy curso a determinado potencial subjetivo, agresivo o libidinoso, que proyecto hacia fuera.

LAPIDE: Del manojo de reflexiones que me acaba de ofrecer me fijaré sólo en algunas que considero de especial alcance.
 Creo que los dos grandes modelos de pensamiento del mundo occidental pueden reducirse al griego y al judío. El griego se sintetiza en el «una de dos», que, por desgracia, ha invadido todo Occidente. El mejor ejemplo lo hallamos en el Nuevo Testamento. Hay redimidos o condenados, hijos de la luz o hijos de las tinieblas. Es como una pintura en blanco y negro, carente de cualquier asomo de fantasía para el gris. En otras palabras, una de dos: o tengo yo razón y por tanto tú y los demás os encontráis en el

error, o viceversa. Pero, por supuesto, no seré yo quien esté en el error, dirá normalmente el egoísta.

El modelo judío de pensamiento, cuyo mejor documento lo tenemos en la Biblia hebrea, es un típico «no sólo, sino también». David es el mayor rey de Israel, pero *también* es un adúltero; Coré es el mayor rebelde contra Dios y contra Moisés, y sus hijos son tenidos como autores de algunos de los más bellos salmos. No se da el blanco y el negro en la Biblia hebrea, sino más bien una paleta de 3.000 variantes de gris. El negro como lo totalmente malo y el blanco como lo totalmente bueno es algo que no existe. Lo que existe es lo humano, que es sólo relativo y se mueve en el marco de muchas y variadas tonalidades de gris, y nunca se reduce al «una de dos», pues depende sólo de Dios. El gran cardenal del siglo XV, Nicolás de Cusa, lo resume en dos palabras: Dios es la *coincidentia oppositorum*, la coincidencia de todos los contrarios, lo que, en el siglo XVI expresaba en forma quizás aún más bella su famoso antecesor Maharal, el gran rabino Löw de Praga. Él decía que en la vida no hay realmente contrarios, sino sólo dos aspectos distintos de la verdad. Y lo ilustraba con una hermosísima parábola: la Biblia hebrea comienza con la palabra *beresit*, cuya primera letra es *bet*. ¿Por qué no comienza la Biblia, como sería lógico, por la letra *álef*, la primera del alfabeto hebreo, y lo hace con *bet*, que va en segundo lugar? Y después de leer por tres veces la primera página de la Biblia, he aquí el descubrimiento: el número dos es la clave de toda la creación. Dios creó el mundo en parejas. Se comienza con luz y tinieblas, cielo y tierra, sol y luna, tierra firme y mar, fauna y flora. Pero, ¿por qué todo consta de esta duplicidad, que en el fondo es una unidad dual? Porque cada mitad necesita la otra mitad, no sólo como contraste sino para la propia autocomprensión. No habría noche sin día, ni mar sin tierra firme que lo contuviera, ni mujer que no necesitara al hombre para su ser-mujer. La unificación de ambos polos es lo divino, esa divina fuerza que, a falta de una palabra mejor, denominamos «amor», en el sentido de mutua atracción, la vocación de unidad de la dualidad querida por Dios.

FRANKL: Hay aquí algo de platónico, aquello que se cita en Platón acerca del viejo mito del hermafrodita y el andrógino. Aunque naturalmente no se trata de algo originalmente suyo.

LAPIDE: Claro que no, es algo antiquísimo. Los mismos rabinos lo han recibido: como hombre y mujer los creó, de modo que, antes de separarlos, ambos constituían un solo ser bisexual que luego fue dividido en dos. Pero la verdad primigenia según la cual los contrarios no son propiamente contrarios, sino mitades complementarias, es precisamente la que caracteriza al modelo judío de pensamiento, el «no sólo, sino también». Justamente por eso, lo que aprecio de modo especial en su obra es el motivo dominante que recorre, como un hilo rojo, todos sus libros: la humilde conciencia de haber captado un granito de verdad aquí y otro allí, intentando agregarlos al acervo de sabiduría de la humanidad.

FRANKL: Sin duda podría expresarse así.

LAPIDE: De sus palabras se desprende otro motivo de reflexión, se refiere al ateísmo. En todos mis encuentros con ateos —y los he buscado con frecuencia— he llegado a la conclusión de que existen muy pocos a-teos en el auténtico sentido de la palabra. La mayor parte de ellos puede agruparse en tres categorías: los anticlericales, que no pueden soportar a los llamados representantes de Dios y terminan culpando a Dios mismo de los desaguisados cometidos por su personal de a pie. En segundo lugar, los pseudo-ateos, irritados con el diosecillo que les han pintado en casa o en la escuela, que para nada responde a la sed de fe que atormenta sus corazones. En tercer lugar, conozco anti-teístas —especialidad muy judía—, enfrentados con Dios porque no están dispuestos a perdonarle el mal existente en el mundo, pues la imagen que se han hecho de Dios no es compatible con Auschwitz, con todo el mal del mundo, con los niños inocentes que vienen a este mundo con graves deficiencias físicas y psíquicas. Éstos no son propiamente a-teos, pues al ateísmo le es indiferente Dios, sino anti-teístas, que pierden el sueño y las fuerzas en su lucha contra Dios, que luchan contra él como el patriarca Jacob, que se pasó la noche luchando contra el Ángel del Señor, hasta que al alba recibió el nuevo nombre, Israel. Y, dicho sea de paso, el significado etimológico de este nombre no es en modo alguno «el que lucha *en favor de* Dios», sino «el que lucha *contra* Dios», rasgo característico dejado en herencia a todos los judíos. Pero él comenzó a cojear. Salió con vida del encuentro con Dios, pero no ileso. Sano en el alma, fortalecido en la fe, pero no indemne, pues, como creen nuestros Padres, un encuentro con el Absoluto no puede dejar al hombre totalmente intacto; y en memoria de este encuentro de nuestro Patriarca, del que recibimos el nombre de Israel, se abstienen los judíos de comer el tendón del muslo de los animales, de modo que ni siquiera a la hora de comer caiga del todo en el olvido la lucha contra Dios.

Un tercer tema que han suscitado en mí sus palabras es una paradoja que me viene ocupando hace años. La teología en todas sus derivaciones y manifestaciones se considera a sí misma digna de ostentar el rango de ciencia, con todos los honores académicos. Sin embargo, la Biblia de ambos Testamentos no se cansa de acentuar que Dios es incognoscible, indescriptible y, en una palabra, que de Él no se puede hacer ciencia. Por otra parte, la religión prácticamente no goza de credenciales entre las ciencias psicológicas, de modo que los mismos psicólogos toman a la «religión» como una palabra carente de crédito, y si alguno de ellos osa hablar de Dios, lo más que le cabe esperar de sus colegas es una condescendiente sonrisa.

¿Cómo explica usted la paradoja de tener que evitar, como psicólogo, el recurso a Dios, mientras que, por así decirlo, los «especialistas en Dios» se empeñan en construir a toda costa una ciencia de lo incognoscible? ¿No raya todo esto en el absurdo?

FRANKL: Comenzaré por su referencia al hecho de que uno pretende «tener razón», con exclusión de todos los demás. Mire, personalmente he luchado durante años, o quizás decenios, por encontrar una fórmula seria de tolerancia. Al hacerlo, me ha ocupado, por no decir preocupado y perseguido, la cuestión acerca de si, al ser tolerante, no estoy derivando hacia el relativismo, es decir, si es que la misma tolerancia no supone ya un cierto relativismo. Después de largas reflexiones, he adoptado esta posición: debo obedecer a lo que dicta mi conciencia, a eso he de atenerme; ella me dice lo que debo hacer —o bien omitir—, cuál es el sentido de una determinada situación, qué exige de mí —por más que la conciencia no sea sólo un fenómeno humano, sino también demasiado humano, que puede inducir a error; a pesar de que ni sé ni puedo saber ni sabré, hasta que yazga en mi lecho de muerte, si lo que me dicta mi conciencia es lo cierto. Yo defino la conciencia como órgano de sentido, no como órgano sensorial, es decir, como una instancia inscrita en la constitución del hombre, como el órgano que le permite descubrir el sentido único e irrepetible de cada situación concreta. Cuando se trata de acontecimientos peculiares, de situaciones únicas, la conciencia actúa intuitivamente. Ésta es precisamente su cualidad característica. Debiendo el hombre remitirse a su conciencia con respecto al sentido de una situación concreta, por mucho que en ese momento se halle en la incertidumbre de si su conciencia yerra o no en tal situación, no tiene más remedio que aceptar el riesgo del error.

Gordon W. Allport, psicólogo de Harvard, afirmaba en este mismo contexto: «we may be at the same time half-sure but whole-hearted», podemos al mismo tiempo estar sólo parcialmente seguros, y actuar incondicionalmente en un sentido o en otro. En este sentido pienso: puedo no saber al cien por ciento si tengo razón o no, podría igualmente ser el otro quien tiene razón, puede su conciencia estar en lo cierto y no la mía. Esto no supone relativismo alguno, sino que fomenta la tolerancia, pues el hecho de que mi conciencia pueda equivocarse no significa que no exista una verdad única, sino únicamente que nadie puede saber si es uno quien está en posesión de la verdad o el otro. Claro que existe sólo una verdad. Sólo uno de los dos puede estar en lo cierto. Pero ninguno de los dos puede saber quién acierta, aunque cada uno debe responder de sí mismo, hacer lo que le dicta su conciencia, aun dando por descontado que también puede haberse equivocado.

Usted ha citado acertadamente a Maharal, y yo lo cito en dos o tres de mis libros, pues él fue realmente un precursor de lo que yo llamo «ontología dimensional».

En cuanto a la relatividad, yo creo en una objetividad de la verdad, una objetividad de la correspondiente carga de sentido de la situación concreta en que nos encontramos, y también creo en la relatividad, pero en un sentido distinto del que suelen utilizar los filósofos cuando hablan de ella. Concretamente, creo que existe la verdad objetiva y la veracidad, pero siempre de un modo relativo a una determinada persona y a una situación determinada.

Kart Jaspers lo expresaba muy bellamente al afirmar que cuanto más universalmente válido es un valor —válido para el mayor número de personas— tanto más pierde en rigor y fuerza vinculante. En los diez mandamientos se dice, por ejemplo, no robarás, no levantarás falso testimonio, no cometerás adulterio, no desearás la mujer de tu prójimo, etcétera. Ahora bien, éstos son valores generales propuestos a toda la humanidad y, de acuerdo con Jaspers, podemos pensar que a veces pierden fuerza vinculante, precisamente por ser universales, por ser absolutos y pretender seguir siendo absolutos sin contar, por tanto, con la relatividad de la situación concreta.

Veamos un ejemplo: en el campo de concentración, el sentido de la situación concreta —que nosotros llamábamos «organizar»— consistía en poder robar un trozo de carbón o unas patatas. Y cuando lo conseguíamos, lejos de considerarlo inmoral, nos sentíamos muy orgullosos de ello. La cosa es, por tanto, sólo relativa. En determinadas circunstancias, el sentido de una situación puede exigirme robar.

Otro ejemplo: no darás falso testimonio. Bajo Hitler tuve la suerte de poder librar de la eutanasia a bastantes judíos, al descubrir que en un asilo de ancianos judío había celdas de aislamiento, de las que casualmente la Gestapo no sabía nada. El director era el reponsable de que no se admitiera a ningún enfermo mental. Pero se llegó de algún modo a acuerdos tácitos con mi paternal amigo, el profesor Otto Pötzl, entonces jefe de la Clínica Psiquiátrica Universitaria de Viena, para trasladar de inmediato al asilo a cualquier paciente judío. El procedimiento se limitaba al planteamiento de la siguiente pregunta: «tenemos un paciente judío, ¿lo admiten?» «Sí». Por supuesto, no se decía nunca que padeciera una psicosis. Apenas llegaba allí, me llamaban. Yo llegaba en un taxi y extendía un diagnóstico falso según el cual el paciente no padecía ninguna psicosis. Convertía una esquizofrenia en una afasia debida a un ictus cerebral, una melancolía en un delirio febril. Tenía la soga al cuello, pero me había hecho la idea de que ningún vigilante sería capaz de descubrirlo. Les administraba dosis de cardiazol, y en un par de semanas recibían el alta sin síntoma alguno, su vida estaba a salvo. Yo había testificado en falso, pero habría sido inmoral no haberlo hecho. Era una responsabilidad que tenía que asumir.

Y un tercer ejemplo con respecto a los mandamientos: ¡no cometerás adulterio! Las últimas palabras que pude decir a mi mujer cuando nos separaron en Auschwitz fueron éstas: «conserva la vida a cualquier precio, óyeme bien, a cualquier precio». Le había dado anticipadamente mi absolución por si tenía que romper la fidelidad conyugal viéndose obligada a prostituirse con un oficial de las SS; yo no quería cargar con la culpa de su muerte, dejándola en la incertidumbre y la duda: «no puedo hacerle esto a mi Viktor, qué pensaría Viktor si lo llegara a saber, qué diría...». Para no sentirme responsable de su muerte debí anticiparle mi absolución. Triple infracción de los diez mandamientos.

Sin embargo, estos mandamientos eran y siguen siendo preceptos generales que mantienen su valor a través de la historia y de la sociedad. Pero no en cada caso particular: en general, no se ha de robar ni dar falso testimonio ni cometer adulterio, pero en confrontación con el hombre concreto y singular —tal como yo lo entiendo en el marco de la logoterapia— es preciso hablar del sentido concreto. En otras palabras, valores y preceptos que constituyen líneas generales de actuación. El sentido es algo concreto, pues cada persona es singular y cada situación, única y concreta.

LAPIDE: Lo que usted afirma acerca de la verdad es plenamente judío, pues la santidad de la vida humana es el mandamiento supremo del judaísmo. En la *Mishná* se le llama el «mandamiento real», pues es el rey de todos los preceptos. Los judíos, y también los jesuitas, reconocen una jerarquía de las verdades. «Dos mas dos son cuatro» es una verdad que a nadie preocupa, nadie discute y a nadie conmueve. «Dios es uno y único», es una verdad por la que se puede luchar y que ha costado muchas vidas, es una verdad originaria. Entre ambas hay un sinfín de matices. Que usted le haya dicho a su mujer que haga cualquier cosa para salvar su vida es algo genuinamente judío. Hace ya más de 2.000 años, los rabinos decían que para salvar una vida humana, también la tuya, no sólo te está permitido, sino que también *debes* quebrantar cualquier otro precepto. Has sido creado a imagen de Dios y conservar esta imagen tiene prioridad sobre cualquier otra cosa. El mismo Juan XXIII hizo algo parecido a lo que usted cuenta: durante la Segunda Guerra Mundial, siendo Delegado Apostólico en Turquía, extendió a las autoridades judías, contra todas las prescripciones vaticanas, millares de certificados de bautismo en blanco, gracias a los cuales fueron salvados millares de niños judíos en Bulgaria y Rumanía —insisto, actuando en contra de todas las instrucciones, normas y principios de la Santa Sede. En lugar de recibir reproches o ser castigado por ello, fue elegido Papa, quizás no independientemente de esta noble «falta de verdad» que había cometido. Con todo, la Biblia habla de *hacer* la verdad, no de decirla. Sospecho que aquí está la diferencia.

FRANKL: Quería decir antes que «dos más dos» es una verdad aritmética, no una verdad existencial.

LAPIDE: Cierto. De ahí la jerarquía de verdades, como dirían los jesuitas. Pero hacer la verdad es quizás lo más importante en este mundo. Pues, si contemplamos en perspectiva toda la historia humana, constataremos que difícilmente habrá una palabra más mortal en todo el vocabulario que la palabra «verdad». Por culpa de la verdad subjetiva de muchos, ¿acaso no han sido asesinados millones de seres humanos, y otros muchos millares se han entregado voluntariamente a la muerte? Sospecho que quizás deberíamos imponer una moratoria a la palabra «verdad» y sustituirla durante cinco o diez años por la palabra «probabilidad», sin duda más humilde, pero que seguramente no desencadenaría ninguna guerra. Con todo, es innegable que existe *una* verdad. Lo problemático es, sin embargo, la accesibilidad de esta verdad única para nosotros, seres humanos débiles y falibles que sólo podemos mirar a través de nuestro propio cristal.

FRANKL: La accesibilidad a la verdad *total*, pues algún aspecto de esa verdad sin duda cabe captar...

LAPIDE: Quizás sería mejor hablar de pequeñas verdades o, si se prefiere, de semillas de verdad, pero, en cuanto se antepone a «verdad» el artículo determinado «la», corremos el peligro de ser arrogantes o de caer en un absolutismo inhumano que, en nuestra condición de seres humanos relativos, no nos corresponde.
Con todo, me gustaría preguntarle otra cosa a la que me llevan sus escritos. Escribe usted, en su excitante libro sobre sus vivencias en el campo de concentración, que cuando ya no le queda a uno nada, todavía sigue perdurando el amor como tabla de salvación, incluso en el abismo de la desesperación. Amor a su mujer, a la madre, amor a una ideología, quizás a la misma vida; cualquiera que sea el objeto de este amor salvador, siempre se trata de autotrascendencia, la facultad, por así decirlo, de salir, de hacer saltar la cárcel de la propia piel. Me permito ampliar su propia reflexión. A pesar de no haberme encontrado en Auschwitz y, por tanto, de no poder hacerme cargo, o al menos no plenamente, de todo lo que ha tenido que soportar: ¿no se sigue de todo ello que un verdadero egoísmo, en tanto amor maduro al propio ser, exige irrenunciablemente el amor al prójimo? No puedes amarte a ti mismo si eres incapaz de amar algo que está fuera de ti, pues tu Yo, o como quiera que lo queramos llamar, necesita el amor hacia fuera, el amor-extranos, para la propia autorrealización. Y eso significa que un egoísta que sólo se ama a sí mismo en realidad se está odiando. Quien, por el contrario, es capaz de «salir de la propia piel» para amar otra cosa o a otros —hasta la negación de sí mismo— es verdaderamente fiel a su propio ser.

FRANKL: Sólo puedo decir que, desde mi punto de vista, no puede usted estar más acertado. Esto es exactamente lo que siempre he procurado, aunque con frecuencia con poco éxito. Recientemente he sido atacado públicamente en un *best seller* que me reprocha mi oposición a la idea de que la autorrealización pueda constituir una finalidad *primaria*. De hecho, en mi terminología, la autorrealización sólo cabe conseguirse *per effectum*, nunca *per intentionem*. Cuando la procuro —y en ello me da plenamente la razón el verdadero fundador del concepto de autorrealización, Abraham Maslow—, cuando me la propongo es justamente cuando la pierdo. Maslow afirma literalmente: «mi experiencia coincide con la de Frankl en que la gente que busca su autorrealización directamente, sin unirla a una misión en la vida, en realidad no llega a alcanzarla».[1]

La autorrealización sólo es posible en la medida en que me pierdo a mí mismo, me olvido de mí, me sobrepaso. He de tener un motivo para realizarme. Y ese motivo consiste en que me entrego a una cosa o una persona, como muy bien acaba usted de decir. Pero cuando ya no miro a la cosa o a la persona que me importa, sino únicamente a mí mismo, entonces dejo de tener una razón para realizarme. Todo el esfuerzo se dirige a la autorrealización en sí misma. Lo mismo ocurre con la lucha por la felicidad o el placer. Cuando no tengo un motivo para la felicidad, me resulta imposible ser feliz; y, por tanto, si sólo aspiro a ser feliz, desaparece de mi vista todo lo que constituiría el fun-

---

1. Maslow, A. H., «Comments on Dr. Frankl's Paper», en: Sutich, A. J. y Vich, M. A. (eds.), *Readings in Humanistic Psychology*, Nueva York: Free Press, 1969.

damento de mi felicidad. Y cuanto más trato de atrapar la felicidad tanto más se me escapa. Para entenderlo sólo hace falta superar el prejuicio común de que el hombre sólo está orientado a ser feliz. De hecho, lo que el hombre quiere en realidad es contar con un *motivo* para ser feliz; y una vez que ha conseguido ese motivo surge, como espontáneamente, el sentimiento de felicidad. Pero en la medida en que aspiro directamente al sentimiento de felicidad pierdo de vista el motivo que podría tener para ser feliz, por lo que se desvanece el sentimiento de felicidad y cualquier posibilidad de que éste se haga realmente efectivo. En otras palabras, la felicidad debe surgir como consecuencia, pero en modo alguno debe ser buscada en sí misma.

Lo mismo cabe decir de la autorrealización: quien se propone como fin decisivo la autorrealización desconoce que, en última instancia, el hombre sólo se realiza en la medida de que llena un sentido en el mundo. En otras palabras, la autorrealización fracasa en su propósito en la medida en que, al igual que la felicidad, surge como añadidura de la realización del sentido.

No se trata, por tanto, de la autorrealización en sí misma, sino de una realización a través del rodeo por el mundo, las cosas, las personas, y esto es lo que ha de importarme.

En segundo lugar, habla usted de «pequeñas verdades». Eso coincide plenamente con el pragmatismo y la realización del sentido. Lo prioritario no es el conocimiento de la verdad, sino la realización del sentido.

En este contexto, el sentido del que nos ocupamos en la logoterapia no es un sentido universal, sino único. Este sentido único es el que compete a la logoterapia, en la medida en que no es religión ni acción pastoral —el sentido del instante de esta persona en esta situación concreta. Se trata, pues, en el fondo, de sentidos parciales concretos, sentidos particulares de una situación concreta en la que se halla implicada y comprometida una persona concreta.

Decía usted que esto es típicamente judío. Mire, con este «típicamente judío» me pasa a mí como en una parábola de Max Scheler. Scheler decía, en cierta ocasión, que es preciso actuar como el marino que navega hacia alta mar: se orienta por el faro del puerto. Ha de volver la vista una y otra vez hacia el faro para saber si sigue el rumbo correcto. Lo mismo nos sucede a nosotros. Cuando volvemos la vista atrás y constatamos o caemos en la cuenta de que alguien a quien estimamos ha dicho lo mismo que nosotros o algo parecido, podemos sentirnos satisfechos. Pues eso significa que nos encontramos en el buen camino. Aunque no lo supiéramos de antemano, no deja de ser una confirmación, lo mismo que la orientación por el faro del puerto.

Decía usted también un par de cosas sobre la relatividad. Mi gran maestro, Rudolf Allers, ha probado por el método psicológico-experimental que la intensidad de una percepción de colores, por ejemplo, el grado en que es rojo el rojo que estoy viendo, se mide inconscientemente por un cien por ciento rojo, por así decirlo, el *summum rubrum*. Y, aplicándolo al problema de los valores afirma que, cuando emitimos juicios morales, cuando decimos que algo es moralmente bueno o malo, mejor o peor, nos orientamos por un *summum bonum* que no existe empíricamente, igual que tampoco se da el cien por ciento rojo, que jamás hemos visto pero a partir del cual medimos o calibramos lo relativamente más o menos rojo. De igual modo, siempre que emitimos un juicio moral presuponemos, sin saberlo ni sospecharlo, el *summum bonum*, con el que Allers, naturalmente, se refiere a Dios, o lo que yo llamaría la *summa persona bona*. También esto tiene que ver con el problema de la relatividad.

Se refería usted también a la dualidad. Recuerdo que en mi primera juventud, a los catorce o quince años, llegué a esta fórmula: «ser es al mismo tiempo ser-diferente». Sólo la alteridad puede percibirse realmente, no hay ciegos para el rojo, sólo hay ciegos para el rojo-verde. Y podríamos seguir con otros ejemplos. ¿No es sorprendente que toda la informática, que de algún modo ha de basarse ontológicamente en la realidad, opere sobre esto o lo otro, sobre cero o uno? Sin alguna clase de normatividad basada en la realidad, por fundamental que aquélla sea, en modo alguno podría construirse ni funcionar un ordenador. Sin esa dualidad, ningún ordenador podría operar y, menos aún, desarrollar esa capacidad que posee para procesar datos fuera de nuestro alcance.

Permítame algunas observaciones con respecto al ateísmo. Mucha culpa del ateísmo quizás haya que achacarla a la estrechez de miras de esos teístas, por no decir teólogos, que se hallan excesivamente pegados a la letra. Pero ni siquiera están auténticamente pegados a la letra. Voy a ser diletante por un momento. Ante el reproche evolucionista según el cual es un sinsentido afirmar que el mundo ha sido creado en siete días, me veo obligado a replicar que, cuando en el relato *beresit* del Génesis se dice «siete días», ¿quién me demuestra que en el tiempo en que se redactó, concibió, narró o transmitió el *beresit*, la voz que fue traducida como «día» significaba «día» realmente? ¿No podría haber significado «período de tiempo»? Resulta un tanto ridículo seguir aferrados a los siete días y, al mismo tiempo, decir que 1.000 días son ante Dios como un día. Por favor, no puede tratarse de 24 horas de cómputo cronométrico. ¿Quién me permite interpretarlo así? Pero si la traducción correcta fuera «período de tiempo», por más que parezca forzada, podría concluirse que, en efecto, tiene razón. Hoy sabemos que existen saltos mutacionales, etcétera, es decir, períodos de tiempo en la evolución netamente separados, y concretamente períodos instantáneos de tiempo, como un *instans* en sentido mítico, un lapso de tiempo infinitamente pequeño en el que acontece una mutación que en modo alguno puede medirse; lo subatómico no se deja medir con precisión.

En segundo lugar, de igual modo que, por una parte, la estrechez de miras de los intérpretes puede ser culpable del ateísmo, también puede serlo, por otra parte, la presunción de quienes siguen unilateralmente el modelo de las ciencias naturales y afirman que sólo existe lo que puede ser objetivado, lo que puede representarse en un plano cuando en realidad es pluridimensional.

Lo he discutido largamente con Konrad Lorenz. Le he reprochado que el hecho de que él no reconozca ninguna teleología no significa que ésta no exista. Si proyectamos el acontecer natural en el plano de lo biológico no aparece la teleología, pero en la dimensión superior puede perfectamente existir. En el plano de la biología sólo vemos puntos sin conexión significativa: se trata de mutaciones singulares, manifestaciones casuales, pero sin nexo significativo. Sin embargo, es muy posible que se dé una conexión significativa en la dimensión superior. Por lo que he podido observar, él se vio obligado a darme la razón.

LAPIDE: Volvamos a la teología, Sr. Frankl. En el fondo, sólo existen dos modos de tratar la Biblia: o se la toma al pie de la letra, o se la toma en serio. No pueden darse ambas cosas a la vez. El motivo es muy sencillo. El lenguaje humano, todas las lenguas del mundo, son instrumentos empíricos relativos que proceden del mundo experiencial, del mundo empírico del hombre, por lo que sólo están en condiciones de expresar lo percibido empíricamente; son incapaces de comprender a Dios, al que no podemos encerrar en nuestro mundo experiencial. Y, puesto que todas las lenguas son esencialmente dinámicas, imprecisas y relativas, ninguna de ellas es capaz de transmitir la inmutable expresión de lo Absoluto y Eterno. Palabras magistrales de anteayer pueden convertirse mañana en simples palabras vacías si el espíritu vivo de la lengua les ha cambiado su significado. Así, cuando en la Biblia se afirma que Dios creó el mundo en seis días, en un sentido más profundo se quiere decir que creó el mundo en épocas y períodos, lo que, en su proceso evolutivo, equivale en el fondo a la doctrina darwiniana. De hecho, el primer pasaje bíblico enseña ya algo para lo que Darwin empleó 377 páginas.

Karl Rahner solía hablar del «misterio inefable», de que sólo con gran zozobra se atrevía a nombrar a Dios, de que padecía, casi como los rabinos, de un «miedo al nombre» que le inhibía de pronunciar lo Santo por temor a profanarlo. Adorno hablaba de «añoranza de lo totalmente Otro»; Werner Heisenberg lo llama «el Orden Central», y a Einstein le entusiasmaba la «reverenciable normatividad del cosmos»; Leszek Kolakowski sostiene que la preocupación por el mundo no es sino una disfrazada e inconsciente preocupación por Dios; los teólogos se refieren a la imposibilidad de hablar objetivamente de Dios y, también, a la desafiante imposibilidad de callar con respecto a Él. Pero más lejos aún llega Martin Buber cuando escribe: «Dios es la más lastrada de las palabras humanas. Ninguna ha sido tan vilipendiada, tan dilacerada… Generación tras generación, los hombres han cargado el peso de sus vidas sobre esta palabra y la han echado por tierra; yace en el polvo, cargada con el peso de todos. Las generaciones humanas, con sus partidos religiosos, la han desgarrado, han matado y han muerto por ella; lleva impresa en sangre las huellas de todos. […] Los hombres pintan muñecos y escriben debajo "Dios" […] Debemos respeto a quienes denigran esta palabra porque se revelan contra la injusticia y la impudicia de quienes se pretenden autorizados por "Dios"; pero no podemos abandonarla. Manchada y rota como está, podemos recogerla del polvo e izarla en esta hora aciaga».

Aquello o Aquel al que invocamos como Dios tiene muchos nombres, pero ninguno lo abarca, ninguno puede aferrarlo, ni siquiera definirlo por aproximación. ¿Se trata del mismo Dios con el que usted concluye sus memorias del campo de concentración cuando, después de todo lo padecido, escribe refiriéndose al «día de la liberación» que «ya no queda en el mundo nada más que temer, fuera de Dios»?

FRANKL: Se trata de religión, y el hombre, cuando utiliza el lenguaje religioso, se dirige a Dios. ¿A quién podría, si no, acudir? Yo mismo he llegado últimamente a una definición operacional de Dios. ¿Que qué entiendo por «definiciones operacionales»? Es algo parecido a lo que encontramos en la medición de los cocientes de inteligencia: con esos test se mide la inteligencia; pero no podemos precisar qué es, cosa enormemente difícil. No hay más remedio que acordar que lo que hacemos con un test correcto es una definición operacional. Apliquémoslo ahora a Dios.

A mis quince años llegué al siguiente convencimiento interior: Dios es el referente de nuestros monólogos más íntimos. ¿Son éstos realmente monólogos o se trata más bien de diálogos con otro, con el «totalmente Otro»? La cuestión sigue abierta.

LAPIDE: Ojalá nos acostumbráramos de una vez para siempre a la idea de que todo discurso sobre Dios no es más que un desvalido balbuceo que, en el mejor de los casos, se queda de camino, y de que demasiados teólogos son en el fondo parientes y acompañantes del fámulo Wagner del *Fausto*, que afirma: «lo que ha sido escrito negro sobre blanco, puede llevarse tranquilamente a casa», aunque sea Dios, cosa bastante cercana a la blasfemia. Entonces sí quedaría claro el concepto de *inefabile*, que, de acuerdo con el judío «miedo al nombre», previene de pronunciar lo Sagrado, por temor a profanarlo.

FRANKL: Creo que fue Salomón quien, en la consagración del Templo, dijo: «pero ¿es que Dios habitará verdaderamente con el hombre en la tierra? Si los cielos y los cielos de los cielos no tienen capacidad para contenerte, ¡cuánto menos este templo que te he construído?» (2 Cro 6, 18).

LAPIDE: Salomón era un sabio, pero, por desgracia, muchos de sus sucesores no heredaron su sabiduría. Una cosa es segura, «teología» es una palabra vana cuando pretende ser ciencia sobre Dios, pues algo así no puede existir. Pero si, en el sentido griego original, «teo-logía» es un discurso sobre Dios, o, en el sentido de su logo-terapia, una búsqueda de sentido en Dios, entonces claro que está justificada la palabra. Pero —y ésta es la *hybris* que ojalá Dios le perdone—

ella quiere a toda costa convertirse en ciencia, y eso no puede ser. A lo sumo puede ser ciencia en la medida en que constata históricamente *a posteriori* cómo ha experimentado la humanidad a Dios en el pasado, cómo ha buscado a Dios o quizás ha percibido en sombras a la divinidad. Dios mismo jamás podrá albergarse en una facultad. Esto es el Alfa y Omega de toda la Biblia.

Una última observación sobre el lenguaje: un germanista me enseñó en Gotinga que la expresión «mujer pública y baja» designaba hace doscientos años a una dama de alta sociedad que se ocupaba sin esnobismo alguno de las clases bajas populares: una clara alabanza. Esa misma expresión supondría en el sentido usual de hoy una calumnia denunciable judicialmente. Por tanto, si en el sentido actual de una lengua tres inocentes palabras pueden variar el significado desde una alabanza hasta una calumnia denunciable, ¡cómo no van a hacerlo palabras hebreas de 3.000 años y palabras griegas de 2.000 años de antigüedad! ¿Van a significar para usted o para los curas jóvenes y predicadores lo mismo que significaron un día, cuando, hace milenios, fueron trasladadas al pergamino en otra parte del mundo y en circunstancias enormemente distintas? ¿Pueden seguir teniendo idéntico significado que entonces? Dicho suavemente, esto es una criminal supervaloración de las lenguas humanas. Por tanto, tenemos que pensar, que repensar a Dios, pero siendo al mismo tiempo conscientes de que ninguna lengua podrá jamás comprenderlo.

FRANKL: Me centraré en algunos puntos a los que usted se ha referido.

Comenzaré diciendo que nunca he leído a Tomás de Aquino, pero a lo largo de los años nos topamos una y otra vez con citas suyas. He leído que dice: podemos ciertamente saber *que* Dios existe, pero no podemos saber *qué* es Dios. Hace algunas décadas lo he expresado así en uno de mis libros: todas nuestras afirmaciones sobre Dios deben ser entendidas entre comillas. Dios es «de naturaleza personal», Dios es «bondadoso», etcétera. El antropomorfismo es inevitable. Lo importante es que seamos conscientes de este antropomorfismo. De momento no es posible evitarlo. Pues estos atributos divinos son y seguirán siendo únicamente propiedades *humanas*, y, con no poca frecuencia, demasiado humanas. Así, ni Dios mismo escapa de ser simbolizado de un modo más o menos antropomórfico. Pero ¿podríamos, a causa de estos elementos demasiado humanos, tener derecho a rechazar todo lo religioso? ¿No sucede más bien que el acercamiento asintótico al misterio y enigma de la verdad última se realiza más por la vía simbólica que por la puramente abstracta? En este contexto, Max Scheler habla de los rasgos antropopáticos que aplicamos a Dios. Dios se enoja, Dios se enfurece, Dios siente compasión. Todo eso no es correcto, y, sin embargo, alcanzamos mucho más con este Dios de nuestra oración, como él lo llama, captamos mucho más de la verdad, también la teológica, que con el Dios abstracto y metafísico en cuanto *ens realissimum*, etcétera. Lo mismo insinúa el dicho de Pascal cuando habla del Dios de Abrahán, de Isaac y de Jacob.

Pero quizás lo más sorprendente de todo pueda ser lo que dice Konrad Lorenz en una conversación transmitida en televisión, creo que con Franz Kreuzer, cuando afirma explícitamente que la aldeana en una alquería perdida que ve a Dios como el hombre de blanca barba, y quién sabe cúantos más antropomorfismos primitivos, se encuentra sin duda más cerca de la verdad que cualquier científico.[2] Con ello está pensando exactamente lo mismo que nosotros dos.

Para muchos que se consideran ateos este antropomorfismo es locura y escándalo. Hay que pasar por encima de este escándalo aprendiendo a asumir que resulta imposible prescindir del antropomorfismo.

Por eso, cuando se reprocha a la religión que sus conceptos de Dios son demasiado antropomórficos, en el fondo cabe objetar con igual derecho que también en la física muchos conceptos —como «fuerza» y «materia»— son no menos antropomórficos. No obstante, siguen en uso, incluso en la terminología científica; al igual que las afirmaciones sobre el Dios de nuestra oración, del que habla Scheler, estos conceptos son por supuesto únicamente figurados y metafóricos, lo cual no les impide ser de algún modo válidos.

Pero también hay ateos que se han hecho tales «después de Auschwitz», como Rubinstein y otros. El uno considera que después de Auschwitz ya no cabe hacer poesía, el otro, que, menos aún, es posible creer en Dios después de Auschwitz.

Ahora bien, puede uno abandonar su fe en Dios de acuerdo con el famoso pasaje de Dostoiewski: si Dios puede permitir el sufrimiento, e incluso la muerte de un solo niño inocente, no me es posible creer en Él. Pero también puede uno conservar su fe —a pesar de todo, decir sí a la fe— y por un simple motivo. Me niego rotundamente a admitir que sea posible a este respecto entrar en el siguiente chalaneo: «mira, Señor Dios, hasta 526.000 judíos man-

2. Lorenz, K. y Kreuzer, F., *Leben ist Lernen*, Múnich: Piper, 1981.

dados a la cámara de gas, conservo mi fe en ti, pero no transijo ni uno más. Has permitido la muerte de cinco o seis millones, así es que te retiro mi fe». El trato no es posible. De hecho, la fe, la verdadera fe sigue manteniéndose. Son muchos los que dicen que en Auschwitz la mayoría de la gente perdió la fe. Eso no es cierto. No dispongo de estadísticas, pero mis experiencias me permiten afirmar que, en Auschwitz, recuperó su fe más gente y la fortalecieron más personas —por supuesto, a pesar de Auschwitz— que cuantos allí la perdieron. Por tanto, habría que dejar definitivamente de recurrir con ligereza a la fórmula «*después de* Auschwitz» en el contexto de la posibilidad de creer, y comenzar a hablar de una fe *a pesar de* Auschwitz.

LAPIDE: En sus libros habla usted con frecuencia del sentimiento de pérdida del sentido que padece el hombre actual, de un «vacío existencial». Parece como si el hombre hubiera perdido el centro de su vida, como si ya no fuera capaz de dar cuenta de sí mismo, de su presente y su futuro. ¿Qué es el hombre, desde un punto de vista psicoterapéutico? ¿Y cómo puede lograr la plena realización humana?

FRANKL: El hombre es un animal, pero al mismo tiempo es infinitamente mucho más que un animal. Se eleva hasta la dimensión humana. Sucede aquí algo parecido a lo que ocurre con el cubo: sobre un plano es un cuadrado, pero al mismo tiempo también es una dimensión más. En cuanto ser humano, no soy agresivo, pero, como hombre, soy algo totalmente distinto: odio o amo. En cuanto hombre, no soy sólo el vehículo de una energía sexual, sino que también soy capaz de una entrega desinteresada. Toda la sexualidad se halla al servicio del ser humano y se convierte en fenómeno expresivo del encuentro con otro ser humano. En este sentido, pienso que se odia, pero cuando se logra persuadir al hombre de que no existe razón para odiar, entonces el odio se convierte en absurdo. Por el contrario, si se convence a otro de que posee un «potencial agresivo» al que es preciso dar curso, se crea en él la idea fatalista de que guerra, odio y violencia son obra del destino. Pero nada es destino para el hombre, pues, en su propia dimensión, le toca a él configurarlo todo. En modo alguno está en manos de las variadas agresiones externas. Sólo está realmente a su disposición cuando se lo adoctrina sin cesar en que no es él quien configura su propia vida, sino que es simple víctima de las circunstancias biológicas o sociales. El hombre tiene capacidad, fuerza, vocación para superarse a sí mismo, olvidarse de sí, perderse de vista, cuando se entrega a una tarea o a un semejante. Esto es lo que yo entiendo por autotrascendencia.

LAPIDE: ¿No podría suceder, eventualmente, que ciertas psicoterapias pasen de largo ante las miserias del hombre y sus carencias? ¿Acaso con frecuencia no se echa de menos que el médico tome en serio la totalidad de lo humano, de la que también forman parte la búsqueda de Dios, el deseo de sentido y la tendencia a ser mejores?

FRANKL: Lo mismo sucede con la educación. La educación debería impulsar en el joven el proceso de búsqueda de sentido. En efecto, la tarea de la educación no debe consistir únicamente en transmitir conocimientos, sino también en afinar la conciencia del joven a fin de hacerlo suficientemente sensible para percibir las posibilidades de sentido y las exigencias de cada situación concreta. Sobre todo en una época en la que para muchos hombres parecen haber perdido su valor los diez mandamientos, es preciso capacitar al hombre para percibir los diez mil preceptos que se encierran en las diez mil situaciones a las que se ha de enfrentar.

Pero la educación misma no puede dar sentido. En realidad, el sentido no puede ser *dado* en absoluto, pues ha de ser *hallado*. No cabe «prescribir» un sentido. No se trata de eso, además de ser imposible, tampoco es ésa su finalidad y función. En principio, bastaría ya con que se dejara de bloquear el proceso de búsqueda de sentido. Tampoco el psiquiatra tiene la misión, por así decirlo, de devolver a los hombres la capacidad de creer y de conducirlos a la religión. Bastaría también con que los psiquiatras dejaran de predicar que Dios no es otra cosa que una imagen del padre, y la religión una neurosis obsesiva de la humanidad. Y sería bueno, igualmente, que los pedagogos cesaran de airear una imagen del hombre que mina en los jóvenes la normal orientación al sentido, todo su entusiasmo.

En realidad, ya sea como estudiante en el campo académico, ya como paciente, si soy adoctrinado en el pandeterminismo —el hombre no es otra cosa que el producto de la herencia y el medioambiente, o de procesos condicionados—, entonces estoy en mi derecho al decir que no soy libre y que, por consiguiente, tampoco soy responsable. ¿Por qué he de abstenerme de cometer actos criminales, o vivir orientado a la búsqueda de sentido? Pues cuando se persuade a la gente de que el hombre no es otra cosa que un «mono desnudo», que no es sino una red de impulsos, simple producto de las condiciones de producción, o el resultado de procesos de aprendizaje, entonces se está minando su orientación originaria hacia el sentido.

De este modo, se entierra el entusiasmo normal y el altruismo de los jóvenes. Y éste es precisamente el gran peligro: si comienzo por tratar a un hombre como pobre gusano —como si no fuera «su Yo señor en la propia casa», como decía Freud, o no fuera otra cosa que un juguete «más allá de la libertad y de la dignidad», como lo expresaba Skinner—, entonces lo estoy haciendo peor de lo que ya es, ¡lo estoy corrompiendo! Si, por el contrario, tomo al hombre como debe ser, le estoy dando posibilidades de ser lo que él puede llegar a ser. Estoy movilizando su auténtico potencial humano.

LAPIDE: Abordaré directamente el tema. Mire, el Dios en quien yo creo es un Dios de la libertad, en el doble sentido de la palabra. Es libre en sí mismo, es decir, no se atiene a nuestras reglas de juego, y al mismo tiempo nos ha otorgado el tremendo don de darle a Él nuestro sí o nuestro no; puede ser, como usted escribe, el inconsciente Dios en nuestro interior, y cuando hacemos ruido o gritamos demasiado no podemos oír la suave voz de Dios dentro de nosotros. Ésta es la libertad que nos ha dado. Siendo esto así, preguntas como ¿por qué tolera Dios esto, por qué permite esto o lo otro? son antropomorfismos no menores que los de toda la teodicea. En el fondo, Dios sería así el supremo gendarme del cielo que puede tolerar y prohibir, permitir y aprobar. Considero que estas imágenes de Dios, propias más bien de la infancia de la humanidad, han muerto en Auschwitz, y no sé si he de guardar luto por ello. El Dios que ciertamente ha muerto en Auschwitz es el bondadoso abuelo de larga barba blanca. Dios, como viejo notario que anota diariamente las buenas y las malas acciones de un hombre, ha sido incinerado en Auschwitz. El Dios

de los ejércitos, que avanza siempre con los batallones más fuertes, yace en la misma tumba de familia que el Dios de los sempiternos poseedores del derecho y de los dueños del saber. Considero que Auschwitz nos ha ayudado a purificar nuestras imágenes de Dios.
«Dios ha muerto», dijo Nietzsche antes de sumirse en su demencia. Tenía toda la razón, si con ello se refería a las representaciones de Dios, infantiles y pueriles a la vez, que lo presentan como el celestial apagafuegos, cumplidor de las plegarias y concesionario del éxito. ¡Más aún! Debemos dar gracias a los críticos de la religión porque nos han liberado de mucho culto idolátrico enmascarado y nos han obligado a luchar por conseguir una idea de Dios más alta y más madura. En pocas palabras, si tu Dios puede ser descrito, definido, discutido o confirmado, sólo es un Dios suplente, no el Dios de la Biblia.

FRANKL: Reflexión crítica en el mejor sentido de la palabra...

LAPIDE: Quizás podríamos llamarla así. Pero para mí Auschwitz sería más bien una cuestión de «antropodicea», que sigue conservando su valor: ¿dónde estaba el hombre cuando fueron incinerados millones de seres humanos? ¿Dónde estaba la imagen de Dios portadora de los mandamientos? ¿Dónde estaba una Europa bautizada, educada durante sesenta generaciones en el amor, el amor al prójimo y a los enemigos predicado por el *rabbi* de Nazaret, cuando sus hermanos de raza fueron enviados a las cámaras de gas como sabandijas? He aquí una cuestión que todavía sigue a la espera de una respuesta. Utilizar a Dios como pretexto para enmascarar la inhumanidad de los humanos contra sus semejantes me parece una burda blasfemia. Expresémoslo ahora en términos positivos: en el Sermón de la Montaña se habla del amor a los enemigos como cumbre de la moralidad humana, aunque habría que matizar que, si tradujéramos el texto a la lengua madre de Jesús, quedaría claro que él se refería a un «amor desenemistante», a un amor que, a través de una reconciliación efectiva, trata al menos de desactivar la enemistad del adversario, convirtiéndolo, de ser posible, en amigo. El teólogo evangélico E. Steuffer, muy cercano al partido nazi, en su libro *Die Botschaft Jesu* (Berna, 1959), sólo encontraba cuatro ejemplos históricos de verdadera práctica de amor al prójimo: Jesús, su hermano Santiago, el mártir Esteban, y otro más al que se refiere en los siguientes términos: «El 20 de octubre de 1958 la gran Audiencia Penal abre en Varsovia el proceso contra Erich Koch, el nefasto exterminador de judíos en Polonia. Para comparecer en el proceso, el acusado fue sacado de la prisión de Varsovia. El primer día de comparecencia, Koch declara: "si estoy todavía con vida se lo debo únicamente a una gran mujer, la médica de la cárcel, Dra. Kaminska, la Dra. Kaminska es judía"».

Esto me recuerda vivamente el discurso conmemorativo del 25 de marzo de 1949, que usted pronunció por encargo de la Sociedad Vienesa de Médicos en memoria de los miembros fallecidos en los años 1938-1945 —palabras sobre los entonces todavía vivos recuerdos del infierno de Auschwitz— sin ninguna clase de impulso de represalia, de venganza, ni siquiera de resentimiento.

FRANKL: Yo dije entonces: «mi misión es dar testimonio ante ustedes de cómo fueron ultrajados y murieron muchos médicos vieneses; dar testimonio de verdaderos médicos que vivieron y murieron como médicos, que no podían ver ni dejar sufrir a otros, pero supieron sufrir ellos mismos, ofrecer el sufrimiento auténtico, el sufrimiento digno. En sus últimas palabras no había ninguna de odio, sólo palabras de añoranza brotaban de sus labios, y palabras de perdón; pues lo que ellos odiaban, y lo que nosotros odiamos, nunca son los seres humanos. A los hombres hay que saber perdonarlos. Sólo odiaban el sistema, que a unos los llevaba a la culpa y a otros a la muerte. ¿Y no es mejor no excederse en llevar a otros a los tribunales? Por tanto, queremos no sólo recordar a los muertos, sino también perdonar a los vivos. De ese modo tendemos la mano a los muertos más allá de todas las tumbas, más allá de todo odio. Y cuando decimos: honor a los muertos, queremos añadir: y paz a todos los vivos de buena voluntad».

LAPIDE: Quien lee estas líneas y es humano no puede dejar de impresionarse y sentir emoción. Todos los lectores estarán aquí de acuerdo. Personalmente me pregunto ¿qué es lo que se conmueve en mí cuando oigo estas palabras y leo su libro, en el que usted describe con objetividad clínica sus propios sufrimientos —las bestialidades del campo de concentración— sin una gota de odio? Sospecho que es la chispa divina, el aliento de Dios que me confiere la nobleza de la humanitariedad que late en todo esto.

Se trata de Dios, que está en mí y quiere hacerme el hombre pleno que todavía estoy muy lejos de ser. Por qué buscar a Dios más allá de las estrellas, en todos los *ismos*, en todo el mundo exterior, en que seguramente también está, en lugar de hacerlo en nuestro más profundo interior, donde tiene una voz, que usted llama conciencia, donde suscita en mí la oración con la que rezo, despierta en mí el impulso de orar, me hace amar para poder realizarme. ¿Por qué apuntar a la lejanía si este Dios es como un rescoldo dentro de mí que sólo espera ser atizado? ¿No es esto ya una forma de fe en Dios que también después de Auschwitz, especialmente después de Auschwitz, en modo alguno ha perdido su vigencia?

FRANKL: Poco tengo aquí que añadir. Sólo puedo mostrarle mi más amplio acuerdo. No conozco a muchos con la capacidad de sintetizar tan admirablemente esto en palabras.

LAPIDE: ¿No sería el ateísmo, entonces, una especie de ceguera metafísica de alguien que, en apariencia intacto espiritual, anímica y corporalmente, carece en su interior del sentido de lo trascendente, es decir, del componente vertical del ser humano que nos hace alzar la vista, mirar hacia arriba e impulsarnos hacia delante?

FRANKL: Así podríamos expresarlo...

LAPIDE: ¿No sería por tanto un ateo que niega explícitamente a Dios por causa del hombre, por causa del mal que no puede asumir, por causa de la igualdad de clases, o por causa de la revolución comunista —o por otros infinitos motivos para negar a Dios— alguien alienado de sí mismo, que no tiene el ocio y la paciencia para escuchar en su propio interior y dejar hablar a Aquel a quien el joven Samuel, cuando aún no era profeta, oyó por tres veces, hasta que el viejo Elí comprendió al fin que aquella voz venía ciertamente de él, sin dejar por ello de ser la voz de Dios?

Esto me lleva una vez más a aquellas hermosas palabras: autorrealización, autocumplimiento, autodesarrollo, palabras modernas que yo calificaría como *egología*, programa de inhumanidad que pretende elevar el egoísmo a la categoría de ciencia. En los proverbios de los rabinos y de Jesús de Nazaret, que también era un rabino, encontramos exactamente lo contrario: «quien quiera salvar su vida la perderá; y quien la pierde, la salvará» (Lc 17, 33). Esto muestra, entre otras cosas, que Jesús era también un buen psicólogo. Tratando de hallar el sentido de estas extrañas palabras, nos encontramos con un paralelo talmúdico (*Ta'anith* 66a): «¿qué ha de hacer el hombre para vivir? Ellos respondieron: morir a sí mismo [es decir, mortificación del egocentrismo]. ¿Y qué ha de hacer el hombre para morir? Ellos respondieron: vivir para sí mismo [es decir, entregarse al egoísmo]».

Ambos pasajes indican que un hombre que sólo vive y existe para sí mismo, que sólo mira la «autorrealización», termina por atrofiarse y embrutecerse y se encamina poco a poco a la muerte espiritual. El Yo al que se aferra desesperadamente degenera en un Ello carente de amor y de vida, porque su alma se ve impedida para irradiar y actuar hacia otros como lo requiere su misma naturaleza. Por el contrario, el hombre libre que es capaz de sobrepasarse a sí mismo y se entrega a otro, experimenta en su entrega amorosa el encuentro gratificante consigo mismo. Jesús, en pleno acuerdo con los rabinos, quiere decir que el camino para la felicidad abandona la perspectiva del Yo por la búsqueda del Tú, que halla su coronación en un más amplio *Nosotros*.

Teología y psicología se dan aquí la mano, como atestigua un desconocido prisionero en Siberia, que dejó consignada su experiencia en tres líneas escritas en una postal:

Busqué a Dios, y Él me rehuyó.
Busqué mi alma, y no la encontré.
Busqué a mi hermano, y encontré las tres cosas.

Con respecto a la realización, recuerdo la famosa historia casídica de un rabino del siglo II que poseía una gran hacienda en Galilea. Uno de los preceptos de la Biblia hebrea a favor de los pobres, huérfanos y viudas, dice: «no has de recoger la gavilla olvidada en tu campo, pues no te pertenece a ti, sino a los pobres, las viudas y los huérfanos, a los que están destinadas no menos que a ti esas bendiciones de Dios». Cosechaba el rabino una tarde en sus campos, y le llegó un mensaje de su hijo: «se quedó olvidado un montón de gavillas, pero la luna está ya alta y ya no es posible recogerlas». Entonces rompió a llorar el rabino diciendo: «¡déjalas allí, pero avisa de inmediato a mis vecinos que pasado mañana voy a preparar una fiesta!» Cuando los invitados que habían acudido habían comido y bebido, alguien preguntó al rabino: «¿qué estás celebrando? ¡Tu hijo está ya casado y hace tiempo que tus hijas te han dado nietos!» A lo que él contestó: «mirad, durante toda mi vida he tratado de servir a Dios en todos los preceptos y prohibiciones de su Biblia. Sólo este precepto me quedaba por cumplir, pues únicamente era posible cumplirlo en caso de olvido. Todo el tiempo he pensado en Dios para poder llevar a efecto mi propósito. Pero sólo ahora, a causa de la gavilla olvidada, se me ha concedido la gracia de poder servir a Dios».

Quizás sucede algo parecido con la autorrealización. Quien no para de pensar en sí mismo, no pierde de vista su egoísmo y está siempre pensando en realizarse, ése no se realiza. Quien, por el contrario, es capaz de negar su Ego, de perderlo o relegarlo a un segundo término, porque hay algo más importante para él que el propio y minúsculo Yo, ciertamente se encontrará al perderse en otros. O al enamorarse, lo que quizás viene a ser lo mismo.

FRANKL: Acaba usted de expresar en estas bellas palabras algo que vengo intentando mostrar una y otra vez. En los últimos meses, o años, apenas hay conferencia en la que, por insinuación de mi mujer, no traiga a colación una comparación con respecto a la autorrealización o la autotrascendencia: a nosotros nos pasa algo semejante a lo que sucede con el ojo. La capacidad del ojo para percibir el mundo circundante coincide paradójicamente con su incapacidad para percibirse a sí mismo. ¿Cuándo —si prescindimos del espejo— se ve mi ojo a sí mismo? ¿Cuándo percibe algo de sí mismo? Si tengo una catarata veo una nube; si tengo un glaucoma, mis ojos ven en forma de colores de arcoiris en torno a luces por la elevada presión del globo ocular. El ojo sano no ve nada de sí mismo. Y si llegara a percibir algo de sí mismo, eso indica que está afectada su propia función.

Lo mismo ocurre con el hombre. Es él mismo, se realiza, es plenamente hombre en la precisa medida en que no apunta a sí mismo o la propia realización, no se entrega a su felicidad o placer, sino a algo distinto, olvidándose de sí a la manera en que el ojo hace caso omiso de sí mismo, como usted muy bien ha dicho. Eso se observa también en la patología sexual: en la medida en que el varón quiere demostrar su potencia sin pensar en la compañera, o ella intenta demostrar su capacidad de orgasmo pensando sólo en sí misma y no en el compañero, en esa medida se vuelve ella frígida y él impotente. Es un hecho clínico cotidiano. Hasta con esta clase de cosas está relacionada la autotrascendencia.

Hablaba usted del ateísmo. Debo añadir una cuarta cuestión que puede mover a un ateo, o que él no acepta en la fe; se trata de un aspecto moral: el ateo no puede tolerar que se espere ir al cielo por tener un comportamiento bueno y honrado. El ateo preferiría que se fuera honesto por uno mismo, por el bien de otro o por la bondad intrínseca de la cosa, y no para ir al cielo. Como podía leerse en un anuncio publicitario: «hacer el bien es rentable, compre sin demora un billete de esta o aquella lotería y gane». Le repugna, en una palabra, que se especule sobre lo que sucederá luego, pues eso ya no tiene que ver con la propia moral. Creo que también eso juega un papel.

Usted habla también de la «antropodicea» después de Auschwitz, en el contexto de la teodicea. Lo que no puedo tolerar en la literatura teológica es que se le hagan prescripciones a Dios, que venga un teólogo y diga que Dios en modo alguno podría hacer esto o lo otro, pues no sería propio de su naturaleza divina, etcétera. Personalmente lo considero un escándalo. Y la teodicea entera es simplemente una cosa equivocada cuando se dice que, para que lo bueno aparezca como bueno se necesita, por contraste, la presencia de lo malo. Y no me refiero ahora a la libertad del hombre, sino que hablo de la libertad de Dios, que de algún modo se está eliminando constantemente. También eso lo considero equivocado. Me limito a decir una cosa: si Dios hubiera querido, habría podido crear un mundo en el que no hubiera hecho falta el contraste de lo bueno y lo malo. En cierta ocasión vino mi hija de seis años al cuarto de baño y dijo mientras yo me estaba afeitando: «papá, ¿por qué estamos siempre diciendo el *buen*

Dios?» «Muy sencillo», le respondí, «hace un par de semanas tuviste sarampión y el buen Dios ha hecho que te curaras». «Sí», me replicó, «pero primero me dio sarampión». Esto es un *regressus ad infinitum*.

LAPIDE: También yo rechazaría este buen Dios, pues es una caricatura que puede ser válida para niños de seis años, y quizás para ciertos adultos infantiles. Pero un Dios del amor no es el *buen* Dios. El *buen* Dios suena a diosecillo al que se puede acariciar. Pero Él no me acaricia y tampoco yo a Él. Esto es una especie de «teología del avestruz», que suprime los aspectos desconocidos de Dios para tenerlo a mano a base de cumplimientos. Pero un Dios del amor que quiere lo bueno y me da libertad también para lo malo es un Dios que puedo aceptar y en el que puedo creer.

Si nuestro Dios es un Dios del amor, también ha de ser un Dios celoso, un Dios que da, pero también toma; que perdona, pero también castiga, animando y exigiendo a la vez. Un Dios sin ira por el pecado, sin celo por la justicia sería un apático Dios griego, sentado en su elevado trono celeste, que no quiere saber nada de los sufrimientos del mundo. Un Dios que no distingue entre criminales y justos, entre santos y genocidas, sería un Dios de la indiferencia, que está bien en el Olimpo o en el panteón romano, pero no es compatible con los apasionados profetas del antiguo Israel, a los que se sentía estrechamente vinculado el temperamental Jesús. Pero si usted rechaza la teodicea en cuanto antropomorfismo que convierte a Dios en supremo policía, Señor de los ejércitos o alcalde que gobierna desde el cielo, existe sin duda un puente entre la teodicea que usted rechaza y la antropodicea de la que yo hablo, que me atrevería a calificar, con algunos rabinos, como teopatía. Si Dios vive en mí, de lo que estoy convencido, puede existir un Dios paradójico que desmiente toda nuestra minúscula sabiduría humana, y es suficientemente grande para hacerse pequeño, suficientemente omnipotente para anonadarse, suficientemente libre para ligarse a nosotros y compadecerse de sus criaturas. Así, sufrió en Auschwitz al lado de sus judíos y padeció con ellos hambre en Treblinka. Por eso, no sólo puedo reconocer a Dios como Creador, sino también como un Dios que camina a mi lado, como dicen los Salmos, incluso por el valle de la muerte para hacerse en mí más humano que el hombre. Quizás sea ésta una imagen de Dios que, después de Auschwitz, podría llevarnos más lejos en la línea de nuestra maduración de las imágenes de Dios.

FRANKL: ... y nos deja mudar la piel de serpiente que nos ha oprimido e impedido crecer.

LAPIDE: Lo que quizás ilumina un poco mejor nuestra pequeña porción de verdad es la breve fábula rabínica, según la cual, después de morir, llegó un justo al otro mundo y fue conducido de inmediato a un gran comedor. Había sentada a una mesa mucha gente macilenta, se podían contar sus costillas, estaban casi muertos de hambre, aunque la mesa estaba rebosante de los más sabrosos manjares. ¿Qué sucedía? Cada uno sostenía una cuchara de tres metros de longitud que en modo alguno era capaz de introducir en su boca, y lo único que podía era alimentar al compañero de enfrente. Pero, en vez de hacerlo, preferían morir de hambre. El mencionado justo fue llevado tres estancias más allá, a otra sala en la que había una mesa idéntica, llena de las mismas suculentas viandas. A ella se sentaban muchas personas con las mismas largas cucharas; todos estaban rollizos, bien nutridos, contentos y felices. El uno alimentaba al otro. El ángel le dijo: «esto es el paraíso, y donde tú estabas antes es el infierno».

FRANKL: La cuchara sería la intencionalidad. Tú no puedes dirigirte a ti mismo, sino a otra cosa que no eres tú. Pero la existencia humana es posible por la reciprocidad, pues, por así decirlo, eres trascendido por otros.

Me gustaría provocarle, plantearle un reto con respecto a un punto anterior. Dice usted que Dios es tan grande que puede anonadarse, empequeñecerse e introducirse en la más necia de las almas. Quizás conozca usted la historia que cuento en uno de mis libros: hablo allí de un paciente aquejado de esquizofrenia desde su infancia, que tiene constantes alucinaciones y que a veces se excita mucho. Y cuando le pregunto cómo puede controlarse a pesar de su excitación, como me atestigua su enfermera, me contesta, titubeante: «por amor a Dios». Entonces caigo en la cuenta de lo que quería decir Kierkegaard cuando afirmaba: «aunque la locura me vista de bufón, conservaré hasta el último instante la adhesión a mi Dios» ¡Qué incondicionalidad! He visto los más agudos estados de alienación, personas yaciendo sobre paja mojada en los propios excrementos. En Zwokarna, departamento de Theresienstadt, había una muchacha que yo había conocido en Viena, y que aquí era prácticamente una prostituta de las SS. En Theresienstadt cayó en una locura maniaco-depresiva, y en las últimas horas antes de su muerte, por agitación y agotamiento, me pedía insistentemente que la perdonara. Yo no sabía de qué. Pude observarla inmediatamente antes de su muerte —una escena como la de Gretel, en la primera parte del *Fausto*—, acurrucada sobre la inmunda paja mojada, estaba recitando el «Recuerda Israel». Un severo trastorno psicótico. Eso sí que es introducirse en la más miserable de las almas. Y ahora le pregunto si no podría Dios dejarse una barba blanca en vez de afeitarse. ¿Por qué no va a poder Dios, de acuerdo con la idea de Konrad Lorenz, de acuerdo con el Dios de la oración, de Max Scheler, y con mi propia idea de justificación del más rudo antropomorfismo, asumir eventualmente la imagen de padre, convertirse en el papá, el abuelo, asumir, como he expresado alguna vez, la imagen del abuelo? ¿Por qué no ha de poder hacerlo, para así alcanzar el más bajo nivel de intelectualización, el más alto grado de desintelectualización? ¿Qué le parece este atrevido desafío?

LAPIDE: Estoy plenamente de acuerdo con Lorenz. Cuando la aldeana tirolesa únicamente puede imaginar a Dios, en el que cree de todo corazón, con su larga barba blanca, pero cumple la voluntad de Dios, y esta blanca barba la ayuda a ser más humana, más plenamente mujer, entonces ese Dios es el verdadero. Por el contrario, cuando el profesor de teología en Viena, Bruselas o Londres trata de definir a Dios con extrañas y complicadas palabras, pero luego se comporta indecentemente con su prójimo, entonces está más cerca de Dios la aldeana que el profesor de teología con sus tres títulos académicos. En la Biblia encontramos multitud de imágenes de Dios.

FRANKL: O, como dice Jaspers, la comparación misma sigue siendo una comparación.

LAPIDE: Creo que quiere decir lo mismo que los rabinos, cuando afirman que la diversidad de imágenes de Dios en la Biblia nos preserva de convertir a Dios en un ídolo. De igual modo que una madre tiene innumerables nombres para su pequeño, y los amantes se intercambian constantemente nombres nuevos, el judío bíblico nombra a Dios con tres, cuatro, cinco, una docena de nombres. Quiere expresar lo Indecible; sabe perfectamente que ninguna de sus palabras es capaz de definir a Dios, pero no por ello consigue dejar de balbucear, de intentar hablar de Dios, de lo contrario ya no sería un hombre. Por tanto, las imágenes de Dios son en el fondo secundarias, siempre que seamos conscientes de que se trata únicamente de imágenes de lo inimaginable, recursos verbales, muletas para nuestro entendimiento y nuestro desvalido lenguaje humano. En la medida en que somos conscientes de ello y no elevamos la imagen a la categoría de Dios, nos liberamos de la idolatría y servimos a Dios. Pues lo que quiere este Dios no es ser reverenciado, adorado, o que se le rece, sino más bien que se cumpla su voluntad. Cuando la adoración y los cantos de alabanza presuponen todo esto, entonces se está sirviendo realmente a Dios.

No puedo dejar de citar aquí una vez más a Martin Buber, que decía: «no sé si no están sirviendo mejor a Dios muchos ateos que algunos grandes rabinos, cardenales y obispos».

FRANKL: Esto, que no deja de ser paradójico, parece hablar a favor de la relación inclusiva.

LAPIDE: ¡No es que la increencia deje de tener su puesto en el orden del mundo! No cabe ignorar su función en el plan salvífico. «¿Por qué ha creado Dios el ateísmo?», preguntó

una vez uno de sus discípulos al *rabbi* Moshe Leib de Sassow, una de las lumbreras del casidismo. Y éste respondió: «para que tú no dejes morir de hambre al pobre tratando de consolarlo con el mundo venidero, o persuadiéndolo de que confíe en Dios, que lo auxiliará —en vez de meter la mano en tu bolsillo y darle aquí y ahora algo para que pueda comer. Tú eres quien tiene que salvarlo y auxiliarlo como si Dios no existiera, sólo hay uno que puede ayudar: tú mismo!»
He aquí la doble solución del Talmud:

Actúa como si todo dependiera de ti
y ora como si todo dependiera de Dios.

Ambas cosas: precepto y oración, la acción creyente y el corazón suplicante, resumen la ética de la Biblia.

FRANKL: Usted expone constantemente un nuevo modo de ver las cosas. Dice, si lo he entendido bien, que Dios no da ningún valor a que se le rece. Para mí personalmente eso supone un escándalo, aunque he de confesar que también para los rabinos, pero fundamentalmente para los católicos y, quizás más aún para los protestantes. Cree y todo te irá bien, te salvarás, etcétera. No se puede prescribir la fe; o algo es creíble, y entonces lo creo, o no es creíble, y entonces en modo alguno lo puedo admitir, y menos aún a causa de sus posibles ventajas. Tampoco consigo amar si alguien no es merecedor o digno de amor. Y tampoco puedo prescribir esperanza contra toda esperanza.

Esto es un toque de atención, señor profesor. Porque ahora debemos ocuparnos de la esperanza. No se puede decretar la esperanza, pues ésta ha de surgir en una dimensión superior —lo digo ahora por primera vez, improvisando— a pesar de su improbabilidad en otro plano. La esperanza es sólo verdadera cuando el moribundo sabe que va a morir. ¿Y quién no lo sabe cuando está todavía en plena vida? Sin embargo, no abandona su fe en que todo estará bien o se arreglará de un modo o de otro. En ese sentido, espera a pesar de todo. Toda esperanza es una esperanza a pesar de, y nunca una esperanza privilegiada.

Lo que menos consigo imaginarme es que el Señor sea alguien que valore ante todo que lo venere y crea en Él la mayoría de los humanos en una determinada confesión, etcétera.

Lo que usted defiende aquí me parece un noble e inusual pragmatismo, no un pragmatismo de rebajas. Me gustaría aclararlo y completarlo con el ejemplo de la aldeana. De ella en modo alguno cabe esperar que se dé cuenta de su flagrante antropomorfismo. Va a seguir en él. Seguirá rezando a Dios como si fuera el venerable padre de blanca barba. Por más que su visión quizás no sea la del Dios verdadero, lo importante es que ella cree verdaderamente. Y demuestra esta veracidad en la medida en que la traduce en hechos. Si se me permite citar por una vez el Nuevo Testamento: «por sus frutos los conoceréis».

LAPIDE: Nada más judío que este dicho de Jesús. Algo parecido afirma también la Carta de Santiago, en el Nuevo Testamento: «una fe sin obras es una fe muerta». Más claro no se puede decir. La fe como Alfa y Omega no es nada, la fe como trampolín de la acción lo es todo. La fe debe llevar a las obras. Una fe que sólo desemboca en orar de rodillas con las manos juntas quizás pueda proporcionar un sentimiento de protección, pero no responde a la voluntad de Dios, como aquí la entendemos. La voluntad de Dios es el bien y la salvación de este mundo.

FRANKL: Sentimiento de protección, eso supondría nuevamente una traición a la autotrascendencia, pues entonces sólo estaría actuando por mi tranquilidad espiritual. Estoy convencido de que los santos nunca pretendieron ser santos. De lo contrario, habrían caído en el fariseísmo. Así se habrían limitado a buscar una buena conciencia. Pragmatismo de baja calidad, pérdida una vez más de la autotrascendencia, buena conciencia como tranquilizante, como sustitutivo de la almohada. No, el hombre que se comporta honradamente posee *per effectum* una buena conciencia, pero en modo alguno la consigue cuando pretende alcanzarla *per intentionem*. ¿Cómo va a tener motivos para una buena conciencia si sólo se comporta correctamente para sí mismo, para su propio equilibrio interior?. ¡Eso ni es portarse correctamente ni puede proporcionar buena conciencia!

LAPIDE: Podemos referirnos aquí al teo-pragmatismo. Un actuar ante Dios, que quiere obras fundadas en la fe cuya finalidad no está en ellas mismas, sino en el mundo y en los otros. El pragmatismo tiene así su fundamento, pero con una clara referencia a Dios. No es, por tanto, casual que, en el vocabulario de Jesús, al que Buber llama «el judío central», el verbo más utilizado sea «hacer», y el nombre más frecuente «reino de los cielos». La conexión es evidente: el último es el fin; el primero, el camino, el medio de promover el reino de Dios en la tierra.

FRANKL: Pero no para ser muy estimado, para conseguir un valedor.

LAPIDE: Estamos hablando de la fe. La etimología de esta palabra es un buen indicador para la teología. En alemán está relacionada con «prometer» o, como gustaba decir Buber, «prometerse». Creer significa «unirse a algo en cuerpo y alma». En latín, *credere* es una derivación de *cor dare*, dar, entregar el corazón. En griego, *pisteuein* tiene una connotación intelectual, pues viene a significar «tener algo como verdadero», en lo que se hallan implicados cabeza y corazón. En hebreo, *ha-amin* significa simplemente «confianza incondicional». No existe aquí una fe como «creer que», sino que, en el hebreo bíblico, «creer» es siempre creer en alguien, independientemente de lo que pueda pasar. Encontramos aquí cuatro formas distintas de fe según la etimología de cuatro lenguas. Puede ser algo intelectual, o un entregar el corazón, o un estar enamorado, o un confiar que no conoce fronteras y, por tanto, es inconmovible como una roca. Todo eso se esconde en el vocablo «fe».[3]

FRANKL: Pero todo ello converge hacia un punto originario, hacia un centro.

LAPIDE: Lo malo es que la palabra «creer» suele tener la connotación negativa de «no saber». Cuando digo que creo que Dios existe, estoy indicando implícitamente: «pero yo no lo sé».

FRANKL: Esto me lleva a los orígenes de mi propia concepción de la fe. En la escuela primaria se nos decía constantemente que creer significaba no saber, y que, por otra par-

---

3. N. de la E.: «Glaube» en alemán, que en español puede traducirse tanto por «fe» como por «creencia».

te, no saber nada equivalía a ser un borrico. Creer se presentaba, en consecuencia, como la variante pobre de un acto del espíritu. Ahora pienso que lo correcto es precisamente lo contrario. Considero que creer no es un pensar, un acto espiritual disminuido en cuanto a la realidad de lo pensado, sino más bien un pensamiento enriquecido por la existencialidad del pensante. Lejos de significar «no saber», creer significaba en realidad que el acto de fe se apoya en un acto existencial. Blas Pascal expresaba esta apuesta, este empate, de la siguiente manera: «nunca podré saber si existe un sentido último; hay fundamentalmente igual número de posibilidades a favor de una posición que de la otra. De ambos lados hay posibilidades racionales, pero ninguna evidencia necesaria, es decir, los dos platillos de la balanza se mantienen en equilibrio, ambas cosas son igualmente posibles». Confrontado con esta situación, el hombre se ve ante el reto de decir un *fiat*, un amén, así sea; no sé, pero personalmente me decido a favor; como usted decía antes, me comporto, trato de vivir como si hubiera un sentido último, como si existiera Dios. Pongo mi propio ser en uno de los platillos de la balanza y dejo hablar a mi existencia, pronuncio mi *fiat*, así sea, es decir, trato de actuar «como si». De este modo verifico en mí a Dios y me convierto en su colaborador.

No es, pues, por una ley puramente lógica —ya que tal ley no sería suficiente— por lo que el hombre toma esta decisión, sino que ésta brota de las profundidades de la propia existencia. Y la opción por una de las posibilidades teóricas es al mismo tiempo mucho más que pura opción por una posibilidad, es también la realización de una posibilidad.

Es como lo que me pasó, poco antes de la liberación, con Gabriel Koch, un joven húngaro estudiante del Tal-

mud. El día antes de ser liberados estábamos discutiendo, y él me dijo: «verás cómo Dios te escucha y nos salva...» Yo le repliqué que son muchos los que no son escuchados. ¿Con qué derecho puedo asumir que Dios me va a salvar, a liberar? Lo único que sé es que yo no lo merecía, o al menos no del todo. Mis palabras quedaron sin respuesta. Yo mismo la encontré más tarde. He de confesar que no merezco en justicia ser salvado por Dios. Pero también he de admitir que Dios, aun sin que ello sea justo, me conceda por gracia la supervivencia.
Sería como una blasfemia considerarlo como un autómata de la justicia. No me está permitido calcularlo, pero he de admitir básicamente la posibilidad de que haga valer su gracia. No puedo excluir esta posibilidad, pero tampoco debo contar con ella.

LAPIDE: ¿Se consideraría a sí mismo como un hombre creyente? Sin entrar en disquisiciones semánticas, ¿cree usted en Dios?

FRANKL: ¿Quién puede decir que «cree»? No me atrevo a decir que creo. Pero, si uno ha logrado alguna vez ser plenamente humano, puede experimentar la relativa irrelevancia de la «confesión» explícita de Dios. Todavía lo recuerdo: sé dónde estaba situado el vigilante de las SS, frente a qué barracón... En lo más profundo de mi interior pensé, entonces, en estos o parecidos términos: «¡lo has visto, míralo!» Y aquel mirar indefenso...

¿Estaba yo entonces hablando conmigo o con Dios? No me escuchaba nadie, sinceramente algo se conmovía, se sublevaba dentro de mí: «¿cómo es posible?» Estoy desesperado, grito interiormente, pero ¿a quién estoy gritando: a mí mismo, al Sr. Frankl, a Dios? Quizás entonces, en el campo de concentración, estaba también diciendo: «¿lo has visto, Señor?» Yo no lo sé, pero, como usted dice, que llamemos a esto Dios, o no, es una cuestión secundaria.

LAPIDE: Podríamos decir que, si no se diera la duda de toda teología, ¿dónde quedaría la aventura de la verdadera fe, que es lo más humano de nuestra especie? El hombre es en sí una cosa bastante perversa, un mono desnudo, un mamífero agresivo que viene al mundo con dolores de parto...

FRANKL: ... y que ni siquiera cuenta con mecanismos inhibidores de la agresividad como ocurre con cualquier animal.

LAPIDE: Cierto. Los animales son en muchos aspectos más «humanos» que el hombre, que comienza su corta carrera con dolores de parto y se despide con un último suspiro. Y además tiene la arrogancia de llamarse *homo sapiens*, el sabio. Los hombres olvidamos que, en definitiva, no somos capaces de pensar sin creer al mismo tiempo. Incluso el científico, con su pensamiento secular, tiene como base última de su construcción científica un postulado indemostrable que ni cede ante la lógica ni puede ser demostrado o refutado racionalmente. Bástenos de momento la indicación de que los naturalistas no son capaces todavía de definir la vida, los astrónomos siguen aún especulando sobre la edad y la amplitud del universo, y los psicólogos, como usted me decía, continúan sin saber qué es realmente la esquizofrenia y cómo podemos llegar a curarla.

FRANKL: Si no sabemos siquiera dónde está el hombre, mucho menos sabremos dónde está Dios.

LAPIDE: ¿Por qué no prescindimos un poco de la arrogancia de llamarnos *homo sapiens*, y comenzamos a llamarnos *homo credens*? Pues, mucho antes de atrevernos a saber y de construir el edificio de seis plantas de la llamada ciencia, ya estábamos, por así decirlo, construyendo sobre la arena de la fe, que puede llegar a convertirse en roca siempre que esta fe se mantenga como un no-saber, en lugar de arrogarse un valor incondicional. Lo malo es que, como dice Pablo, la fe no es cosa de todos. Algunos se consideran capaces de vivir sin ella, pero ¿no es esto otra forma de fe? A veces hace falta un pescozón, en forma de una enfermedad, un accidente o una pérdida, que nos obligue a reflexionar.

Un pescozón puede ser de cuando en cuando muy saludable para recordarnos que la fe es más antigua que la ciencia, y que ni siquiera a la ciencia actual le es posible seguir adelante sin fe. La desgracia es que en nuestra actual situación hace falta mucha más sabiduría para constatar socráticamente que sabemos muy poco, por no decir casi nada. Hoy es necesario eliminar mucha quincalla de pequeños hechos para que seamos realmente conscientes de nuestra *docta ignorantia*, como decía el gran Nicolás de Cusa.

FRANKL: Vemos los árboles de los hechos, pero ya no vemos el bosque de la realidad.

LAPIDE: Así es. Pero llegar a esa conclusión, en medio del cúmulo de datos que nos proporcionan los ordenadores, se convierte en una necesidad para la realización humana en las postrimerías del siglo XX.

FRANKL: A eso precisamente me refería al decir que el escándalo para un contemporáneo que se ha hecho ateo o se considera tal es doble: por una parte, la estrechez de miras de unos teólogos aferrados a una mala interpretación de la letra, y, por otra, el delirio de grandeza de ciertos científicos que se orientan unilateralmente siguiendo el modelo de las ciencias naturales, fascinados por una imagen de ciencia que hoy ya empieza a resquebrajarse y amenaza ruina. Piense en esos naturalistas que se están refugiando en el yoga, en el zen, etcétera.

Mire, lo que yo quería decir antes es esto. Hablaba usted del discurso sobre Dios. En una discusión mantenida en un círculo de cuáqueros, en 1945, he dicho que tengo mis dudas acerca de que sea posible hablar *de* Dios, y a veces sospecho que quizás lo único factible sea hablar *con* Dios, en segunda y no en tercera persona. Entonces dije con toda espontaneidad que, quien se ha encontrado con pala y azada al borde de una tumba en un campo de concentración, y en tal situación ha rezado, ha hablado *con* Dios, no tiene más remedio que dudar de que sea posible hablar *de* Dios, al menos en ese sentido y con igual profundidad.

Esto me da ánimo para confesarle que en estos últimos años me estoy aproximando de nuevo a algo que ya pensaba a mis catorce o quince años. Me refiero a una definición de Dios en el sentido de hacer finito lo Infinito, una especie de limitación (*de-finitio*) de Dios que lo convierte en referente de mis monólogos más íntimos. Cuando un ser humano, también el ateo, se entrega a sus más íntimos monólogos, conversa consigo mismo —y «lo más íntimo» quiere decir «con absoluta honradez y apertura, sin miramiento alguno»—, entonces nada lo condiciona, y adquiere el derecho a llamar «Dios» a aquel o aquello a lo que se dirige. Si existe Dios, estoy convencido de que no tomará a mal que alguien lo intercambie con el propio Yo y se dirija a Él como a un Tú.

Ridículo, manifestará el ateo, se trata sólo de un monólogo, estoy hablando conmigo mismo. El psicoanalista dirá que estamos conversando con nuestro Superyó. Otro dirá que hablamos con nuestra conciencia. Y el hombre religioso declara sencillamente que a eso lo llama «Dios».

En otras palabras, el hombre irreligioso considera su conciencia en su facticidad psicológica, quedándose fijado en ese hecho como algo puramente inmanente; diríamos que se detiene prematuramente, porque considera su conciencia como una realidad última, como la última instancia ante la que ha de responder. Pero la conciencia no es el último *ante qué* de la actuación responsable; no es una *realidad última*, sino *penúltima*. La conciencia me dice *para qué* soy responsable, pero no *ante qué*.

Creo que aquí no se trata sólo de una realidad, sino de una entidad supra-personal, de una super-persona que ha de ser al menos persona. ¿Qué hay de falso en esto?

LAPIDE: Muy poco, o nada en absoluto. Sólo quiero añadir, completando su reflexión, que Dios es, dentro de mí, la voz que me llama a ser aquello que estoy destinado a ser.

FRANKL: Lo que Él, que está detrás de mi voz, ha pensado sobre mí.

LAPIDE: Sobre mí, cuando por medio de mis padres me trajo a este mundo. La voz que me llama a ser lo que aún no soy, pero debería ser.

Como bellamente dice Buber: «no estoy interesado en absoluto por la existencia [*Dasein*] de Dios, pero mucho por el ser-tú [*Dusein*] de Dios». Y como usted mismo dice en sus maravillosos escritos sobre el campo de concentración: «cuando vuelvo la vista a los tiempos del campo de concentración veo cómo se golpeaba a la gente hasta rodar por tierra, indefensa, inocente, y recuerdo que yo pensaba en mi interior: "mira lo que son capaces de hacer los hombres, míralo bien". Ahora me pregunto: ¿estaba yo hablando conmigo mismo o hablaba con Dios?». Hasta aquí la cita, y yo me atrevo a contestar: hablaba con Dios, pues éste era el único aspecto de Dios que usted podía experimentar, el más íntimo, el que lo mantenía interiormente, el que quizás le daba fuerza para resistir ese infierno. Pero, como yo no he tenido que sufrir todo eso, no me atrevo a entrar en lo que le estaba destinado. Si, como hombre adulto, debió usted sufrir el infierno del campo de concentración, o, como dice la Biblia, apurar hasta las heces el cáliz del dolor, y fue capaz de superar todo esto sin odio y con amor a la humanidad, es usted una prueba viva de Dios. Pues si su luz interior pudo mantenerse intacta y, a pesar de todo, usted logró seguir creyendo en la humanidad, entonces no tiene razón Dorothee Sölle y los llamados «teólogos de la muerte de Dios». Si en Auschwitz se mantuvo la fe, también quienes vivimos después de Auschwitz podemos seguir creyendo con total seguridad.

FRANKL: Le entiendo muy bien, pero no puedo darle la razón, pues soy parte interesada.
    Sólo deseaba añadir una cosa a toda esta problemática. Quizás conozca usted este viejo chiste. Un maestro trata de explicar a los niños las maravillas de Dios, y les dice:

«había un hombre cuya mujer acababa de morir, dejándole un niño pequeño, pero él no tenía dinero para pagarle una nodriza. Entonces Dios hizo que le crecieran pechos para que consiguiera amamantarlo». De repente se pone en pie el pequeño Mauricio y dice: «qué tontería, usted perdone, Dios lo habría tenido más fácil haciendo que el hombre encontrara en la calle un sobre con mil chelines». A lo que el maestro replicó enfadado: «¿serás imbécil? ¡Pudiendo Dios hacer un milagro, no se va a gastar dinero contante!» Estaba aplicando a Dios los cálculos típicos de un hombre de negocios, y olvidaba que los motivos y pensamientos de Dios son más altos que las nubes y que el mismo cielo, más que todo el sistema de coordenadas, y que, por tanto, no cabe localizarlos ni medirlos espacialmente. Y esto es aplicable a muchas cosas que se nos dicen una y otra vez en el sentido de la teodicea.

En el campo de concentración se evidenció algo que podemos resumir en una comparación de La Rochefoucauld, según la cual sucede con el amor lo que con el fuego: la llama tenue se apaga con el viento, la fuerte se aviva.

Eso mismo les ocurre a los amantes con la distancia, el verdadero amor se vuelve aún mayor, el amor pequeño se extingue. Parafraseando esta comparación, creo poder decir que, en Auschwitz, la fe débil se apagó, pero la fe fuerte, la verdadera fe, sin duda se volvió más fuerte. La verdadera fe se acrecentó, la débil se apagó.

LAPIDE: Creo, querido señor Frankl, que lo que usted vivió es en resumen toda la historia del judaísmo y del cristianismo.

FRANKL: Naturalmente, no puedo aceptar ni pretender tal cosa, sólo me cabe decir que he llegado a esa posición a mis ochenta años. Y hace algunas décadas he manifestado ya que, paradójicamente, la más alta posibilidad de realización está en el sufrimiento, es decir, no a pesar del sufrimiento, sino en el sufrimiento, a través del sufrimiento. La ley de Haeckel postula que el origen de la especie, la filogénesis, se expresa y representa en perspectiva en la ontogénesis.

LAPIDE: Quizás tenga razón, pues si contemplo el cristianismo y el judaísmo desde la hipotética distancia de tres años luz, ambos aparecen sin duda como religiones nacidas del fracaso y que han aprendido a esperar desde el sufrimiento. El judaísmo surgió en la pobreza de nuestros nómadas Patriarcas, que no poseían territorio propio y vagaban como los beduinos por el desierto, de hambruna en hambruna.

FRANKL: Que ni siquiera eran emigrantes o inmigrantes, sino errantes.

LAPIDE: Errantes sin morada estable en este mundo, que creyeron en una promesa, que luego, con sus descendientes, vivieron 400 años como esclavos y construyeron con sus trabajos forzados las pirámides que todavía son en Egipto la admiración de los turistas, que finalmente llegaron a la Tierra Prometida, para luego sufrir una interminable cadena de deportaciones, exilios, genocidios y opresiones, y que, como Münchhausen, tuvieron la fuerza de salir del abismo de sus propias derrotas y aferrarse a su inquebrantable confianza, en el convencimiento de que el futuro es la más alta dimensión de Dios.

¿Y qué sucedió con el cristianismo? Viene al mundo a través del total fracaso del pobre *rabbi* de Nazaret. Es difícil encontrar un fracaso más amargo. Se mofaron de él, leemos en el Evangelio de Marcos. No pudo hacer milagros en Nazaret, su ciudad natal. Sus familiares lo llamaban, literalmente, loco. Por Galilea corría la voz de que era un comilón y bebedor de vino, y amigo de prostitutas, según citas literales del Nuevo Testamento. Finalmente acaba en la cruz como el peor criminal. Y de este valle del fracaso, que apenas podía ser más profundo, surgió en suelo judío la fe en la resurrección, en el reino de los cielos, en la salvación de este mundo enfermo. Si no es esto una epopeya, un canto heroico a la esperanza, que en el fracaso, y no sólo a pesar de él, ha aprendido a esperar, entonces es que no he leído bien la Biblia. Son muchas y muy importantes las coincidencias que unen a ambas religiones bíblicas, pero ninguna llega tan profundamente a la raíz de la Escritura como este poder-esperar acrisolado en el dolor, contra toda esperanza o razón.

Nosotros, Sr. Frankl, no deberíamos seguir hablando de optimismo. Es una palabra muy peligrosa, que remite a un valor absoluto, impensable en este mundo relativo. Lo mejor, *optimum*, sólo es cosa de Dios; o quizás es el *summum bonum*, del que usted hablaba como sinónimo de Dios. Acaso, después de Auschwitz, sería mejor hablar de *meliorismo*, de nuestra capacidad y deseo de mejorar el mundo, aunque sólo sea un poco. En primer lugar, sería más modesto, en segundo lugar, más factible y, en tercer lugar, una garantía contra los desengaños a los que nos conduce el exagerado optimismo con sus ilusiones y utopías.

FRANKL: En el tercer Congreso Mundial de Logoterapia, celebrado el año pasado [1983] en la Universidad de Ratisbona, expuse una ponencia titulada «Argumentos a favor de un optimismo trágico». Dije allí que se trata de optimismo a pesar de sus aspectos trágicos, a pesar de la trágica tríada de sufrimiento, culpa y muerte. Pues está en nuestras manos convertir estas cosas en algo positivo: convertir el sufrimiento en triunfo interior, considerar la mortalidad como acicate para un comportamiento responsable y, en la culpa, crecer, haciéndonos mejores y más nobles. Por tanto, de la muerte a la actuación responsable, de la culpa a la conversión y del dolor a la liberación interior. En otras palabras, «sacar lo mejor de ello», y *lo mejor* es lo mismo que lo óptimo. Es posible, pues, un optimismo a pesar de la tragedia, en pleno acuerdo con su idea.

LAPIDE: Cuando usted habla de una tríada en la que se acentúa el sufrimiento, está coincidiendo en el fondo con lo que nos trasmite la Biblia: «amarás al extranjero como a ti mismo, pues extranjero fuiste tú en Egipto». Con plena lógica, cabría afirmar: «fuiste allí tratado peor que un perro y tirado a la calle como basura, así que ahora que has logrado una posición, trata de igual modo a los otros». Pero el sentido teológico es éste: «como judío hubiste de padecer todos los tormentos y penas del infierno en el país del Nilo, por ello sabes muy bien lo que significa sufrir y cuánto se puede hacer padecer a un hombre. Por tanto, nunca trates al extranjero como tú fuiste tratado, sino más bien como quieres que te traten». En este pasaje bíblico se da un sentido al dolor.

FRANKL: Convierte el dolor en un valor positivo.

LAPIDE: Exacto. Creo que esto es lo más noble que puede haber en el hombre. Aquí brilla en todo su esplendor la clara llama divina.

FRANKL: Dice usted que esto es lo más noble que hay en el hombre. Hasta aquí no hemos dejado nada bien parada a la ciencia. Ahora me toca defenderla, no sólo porque tengo una cátedra de neurología y psiquiatría y, en cierto modo, soy un científico, sino porque es algo que realmente me importa. Existen tres posibilidades fundamentales de encontrar sentido, de crear valores: en primer lugar, en cuanto hago o creo algo; en segundo lugar, en cuanto experimento y vivo algo, como el amor, en cuanto doy algo al mundo y tomo algo de él; en tercer lugar, en cuanto se rompen, por así decirlo, todas las cuerdas y no puedo cambiar una determinada situación, por lo que depende de mí reconducir esa situación, convirtiendo, por ejemplo, el sufrimiento en algo positivo.

Nos encontramos aquí con dos dimensiones: horizontalmente, la dimensión del *homo sapiens,* que se mueve entre el fracaso (negativo) y el éxito (positivo), la dimensión del dotado y exitoso; y, en sentido vertical, la realización, la dimensión del *homo patiens,* que consigue realizarse incluso en el dolor, en el fracaso.

En otras palabras, el hombre orientado al éxito conoce sólo dos categorías y únicamente piensa en ellas: éxito y fracaso. Él se mueve entre estos dos polos en la línea de una ética del éxito. La situación del *homo patiens* es distinta: sus categorías ya no son el éxito y el fracaso, sino que se mueve más bien entre las categorías de la realización y la desesperación. Con esta pareja de categorías, se sitúa verticalmente con respecto a la línea de la ética del éxito; pues la realización y la desesperación pertenecen a una dimensión distinta a la del éxito y el fracaso. Estas parejas se mueven sobre ejes distintos: éxito y desesperación son igualmente compatibles que realización y fracaso.

Sólo a través de esta nueva dimensión del *homo patiens* uno es capaz de comprender que gente triunfadora pueda estar desesperada al no encontrar sentido, llegando incluso hasta el suicidio. Y, por otra parte, gente fracasada puede realizarse encontrando un sentido.

Esta dimensión vertical —a la que la psicología llama ortogonal— ha podido ser demostrada, sobre todo por Elisabeth Lukas, mediante el llamado análisis factorial. Estos valores se sitúan a un nivel superior. Y esa superioridad dimensional es compatible estadística y experimentalmente. Para eso sirve la ciencia. De no ser así, no me habría atrevido en los últimos años, por no decir decenios, a difundir estas teorías en una América de tan marcado signo behaviorista. Nada, por tanto, cabe afirmar en contra de la ciencia cuando ésta se mantiene en su puesto y es capaz de validar y verificar algo. Y todo esto puede demostrarse estadísticamente.

Más aún. También se pueden cimentar así conocimientos de pedagogía y psicología religiosa. He comprobado estadísticamente que personas no creyentes en modo alguno estaban motivadas por una imagen negativa del padre, ni dependían las creyentes de una buena imagen de éste. Podía darse exactamente lo contrario: creyentes que se mantenían en la fe a pesar de la pésima imagen que habían recibido. Son resultados estadísticos.

Hasta radiológicamente cabe mostrar la presencia inconsciente de Dios. El testimonio se lo debo al *rabbi* Blumenthal, en otro tiempo rabino del Estado de Baviera y actualmente profesor de pedagogía en Jerusalén. Blumenthal publicó a finales de los años cuarenta un artículo en una revista de Jerusalén como confirmación de mi teoría de la fe inconsciente en Dios. Allí se cuenta que llegó a la consulta una mujer con espasmos de estómago e intestino.

Curiosamente, los espasmos sólo aparecían cuando había comido carne de cerdo. Al principio se pensó que se trataba de una alergia u otra patología. Luego, se le hicieron radiografías y se le dio de comer carne de cerdo, y los espasmos aparecieron. Se le dio carne *kosher*, y los espasmos cesaron. Posteriormente, se la persuadió de que lo que comía era carne de cerdo, cuando en realidad era carne de vaca, y viceversa, y no aparecieron los espasmos cuando había comido carne de cerdo, sino cuando pensó que se trataba de carne de cerdo. Así, es posible, como he dicho, mostrar radiológicamente la religiosidad inconsciente.

Cuando hablamos de religiosidad inconsciente del hombre queremos decir que de algún modo tendemos inconscientemente hacia Dios, que, aunque inconsciente, tenemos siempre una relación intencional con Dios. A eso es a lo que llamamos el «Dios *inconsciente*», fórmula que, como es natural, no se refiere al hecho de que Dios en sí sea inconsciente, sino a que nuestra relación con Él puede ser inconsciente, reprimida y, en ese sentido, oculta a nosotros mismos.

LAPIDE: Hasta los marxistas han comprendido que la religión y la religiosidad son factores que mueven la historia del mundo, aunque no se han aclarado aún con respecto a Dios. Pero Él tiene paciencia con ellos. Una cosa es segura: Dios tiene muchos nombres, y «éxito» no es uno de ellos. Podemos hablar de Él como siervo sufriente, varón de dolores, sufrimiento vicario, dolor redentor, puro amor, pero entre los sinónimos de Dios no está el éxito.

FRANKL: Quizás sí para los calvinistas y su ética del mérito, que hizo posible el capitalismo. Al menos eso dice Max Weber.

LAPIDE: Eso ha ido poco a poco pasando de moda, aunque históricamente no podemos negar que ha constituido un factor del desarrollo de América. Con razón ha roto usted una lanza a favor de la ciencia. Una fe incapaz de confrontarse con la ciencia corre el peligro de degenerar en superstición. Pero una ciencia que procura prescindir de la fe se aproxima al delirio de grandeza. También las ciencias, con toda su pretendida autonomía, se apoyan básicamente en hipótesis de fe, más allá de toda prueba. Fe y ciencia, que desde la Ilustración se han enfrentado de un modo tan pueril como inútil, se necesitan mutuamente. Entre los creyentes a ultranza, que adoran las palabras de la Biblia, y los no creyentes, que sólo están dispuestos a creer en lo que pueden tocar con sus manos, debería encontrarse un punto medio en la búsqueda de la verdad, una fórmula de reconciliación que no parece ser tan difícil. Las ciencias en su conjunto investigan la materia, la energía, lo ya dado en todas sus formas y manifestaciones. La fe, por el contrario, parte del Dador de la vida. La ciencia analiza hasta el detalle la obra de Dios; la fe busca al mismo Dios. La ciencia se ocupa de la «edad del mundo» utilizando todos los medios de cálculo cronológico a disposición del hombre; la fe se ocupa del tiempo originario y del tiempo último. Su interés se centra en los orígenes y las postrimerías, más allá de toda competencia científica, que sólo puede abarcar las «realidades intermedias» de nuestro mundo. El principio y el fin, el origen de todas las cosas y su consumación última sigue siendo competencia exclusiva de la religión.

La antena del entendimiento, para percibir racionalmente el mundo y nuestro entorno, a través de nuestros cinco sentidos, y la antena de la fe, mucho más allá del horizonte de perceptibilidad de los cinco sentidos, deberían ser conectadas simultáneamente, y en la misma longitud de onda, para acabar de una vez con el estrecho «una de dos» y, mediante un «no sólo, sino también» abierto al mundo, ayudarnos, por esta doble vía, a encontrar la verdad.

FRANKL: Yo interpretaría la cuestión de la doble vía en el sentido específico de la visión estereoscópica. Cada ojo ve las cosas de un modo distinto. Pero precisamente a través de esta diversidad logramos una dimensión de conjunto, la dimensión espacial: la visión espacial sólo se hace posible por la divergencia.

LAPIDE: ¿No sería éste el comienzo de un trabajo en común? Una cosa es clara: las ciencias psicológicas —si se me permite nombrarlas en conjunto— buscan el bien del hombre, su ser en plenitud, su salud; las religiones buscan la salvación del hombre, y en lengua hebrea «bien» y «salvación» son lo mismo, pues los hebreos no conocen la división del hombre entre cuerpo y alma. Sólo conocen el hombre completo, el hombre en su totalidad, de modo que su bien depende decisivamente de su salvación, y ambas palabras significan realmente lo mismo.

FRANKL: Me gustaría volver sobre algunos temas. En primer lugar, decía usted que Dios tiene muchos nombres. En este contexto, me parece útil citar el estudio de Gordon Allport sobre religión, que quizás usted conoce, en el que habla de los antiguos sistemas religiosos indios: cada iniciado recibe de su gurú un nombre secreto de Dios, lo que para Allport significa que sólo cabe conocer una parte de la verdad, un pequeño aspecto del Señor. Cada uno recibe este nombre secreto y a nadie se le permite revelarlo, nadie puede manifestar qué nombre se le ha comunicado en secreto como un aspecto de Dios. Surgen así innumerables religiones o confesiones religiosas.

Cabría preguntar si se superará algún día este pluralismo, haciendo surgir en su lugar un universalismo religioso. Personalmente no creo en una especie de esperanto religioso. Por el contrario, considero que no vamos hacia una religiosidad universal, sino más bien hacia una profundamente personal, en la que, al dirigirse a Dios, cada uno encontrará su lenguaje propio, personal, original. En este sentido, Allport considera especialmente al hinduismo como «un raro ejemplo de religión institucional que reconoce la individualidad última del sentimiento religioso».[4]

Hablaba usted también de Jesús, de la plena humanidad y debilidad de su existencia. Eso me recuerda a Leo Baeck, que trata de mostrar en un libro los múltiples estratos de sedimentación histórica acumulados hasta que el Nuevo Testamento llegó a ser Nuevo Testamento. Aunque, desde la A hasta la Z, todo fueran falsificaciones, aún supondría un milagro que, a través de ellas, se realizara lo que Él quería. Si le place al Señor, puede también manifestarse a través de las falsificaciones, a pesar de las falsificaciones, e incluso en las falsificaciones. Y la verdad también puede eventualmente mantenerse donde históricamente se han dado falsificaciones.

Luego ha hablado usted del Yo y el Tú, de la prioridad del Tú sobre el Yo, lo que me permite retomar los tres valores o posibilidades de sentido de los que ya he hablado,

---

4. Allport, G. W., *The Individual and his Religion*, Nueva York: UbG 95, 1956.

especialmente el sentido en el sufrimiento. Adquieren particular prioridad el sentido y los valores que consisten en que hago algo, creo algo, cambio algo en el mundo. No puedo contentarme con decir: «no hago nada, me quedo quieto», sino que he de cargar con el sufrimiento. No cabe decir: «tengo cáncer, pero no me dejo operar».

En este sentido, resulta claro, en principio, que un valor sólo cabe ser realizado cuando aquello a lo que uno se entrega es algo realmente necesario, algo inevitable. Sería contradictorio en sí mismo entregarse al sufrimiento, al aguante, a la resignación con respecto a algo que en modo alguno es un sufrimiento necesario, y pretender al mismo tiempo convertirlo en un valor. En vez de heroísmo, eso sería masoquismo. Por eso hay que intentar primero cambiar la situación dolorosa eliminando las causas del dolor. Ésa es la *prioridad*. Pero si resulta imposible, si el cáncer fuera inoperable, si no puedo escapar del campo de concentración, etcétera, entonces se impone, tiene *superioridad*, el cambio de actitud. Hemos de distinguir, pues, entre prioridad y superioridad.

Hemos hablado del Ello y de la prioridad del Tú sobre el Yo. Para dar toda la razón posible al psicoanálisis, he dicho en cierta ocasión que Freud ha ilustrado la grandeza de su psicoanálisis con la desecación del Zuidersee: donde él (Ello) estaba debo llegar a estar Yo. Yo he añadido que realmente el Ello debe ser integrado en el Yo, pero cuando él dice que donde Ello estaba debo llegar a estar Yo, es necesario agregar que el Yo sólo puede llegar a ser Yo en el Tú. En una palabra: la integración de la estructura pulsional sólo es factible en última instancia en la entrega amorosa al amado. Sólo en el amor quedan ambos superados, de acuerdo con Hegel, en un triple sentido.

LAPIDE: Los griegos lo dicen en otras palabras, pero se refieren a la misma verdad. Definen al hombre como *zoon politikon*, un animal social que es incapaz de existir solo. Y llaman *idiota* al solitario, al que sólo se ocupa de lo suyo (*ta idia*). Estas dos formas de ser no tienen nada en común. Como muy bien dice Buber, el hombre es un ser dialógico que, con simples monólogos, no puede llegar a ser nada y, menos aún, hombre. Un ser dialógico que necesita un Tú para ser un Yo. Eso es lo que, a mi entender, ha ignorado Freud.

FRANKL: Todo ello se debe a que el diálogo sólo puede establecerse entre el Yo y el Tú. Pero, según la teoría del lenguaje, en el lenguaje hallamos tres dimensiones. En primer lugar, es expresión del Yo. En segundo lugar, es interpelación a un Tú. En tercer lugar, es exposición de un contenido, de una realidad. En la medida en que, por ejemplo, me limito a hablar en grupos de trabajo, y sólo eso, todavía no se da un verdadero diálogo, sino un monólogo *à deux*. El diálogo verdadero sólo se produce cuando, expresándome a mí mismo, no sólo me dirijo a otro, sino que entro en diálogo con él sobre algo. Esto tiene mucho que ver con el amor, pues, como decía Saint Exupéry, el amor no consiste en quedarse prendido de los ojos del otro, sino en mirar juntos en la misma dirección. Así queda abierto el triángulo. Las miradas se vuelven paralelas, es decir, se pierden en la infinitud y se encuentran como paralelas sólo en lo infinito. En una palabra, podría decirse que los verdaderos amantes no se quedan embobados mirándose a los ojos, sino que miran juntos hacia el infinito, oran juntos.

LAPIDE: Me gustaría observar algo a este respecto. Cuando Immanuel Kant propuso sus tres famosas preguntas, ¿qué podemos saber?, ¿qué debemos hacer?, ¿qué nos cabe esperar?, consideró que las tres se resumían en una cuestión cardinal: ¿qué es el hombre? La Biblia hebrea, que sin duda nos ofrece la más amplia reflexión sobre esta antiquísima cuestión, lo llama «Adam», porque él y sus descendientes fueron formados de un trozo de barro (*adamah*), es decir, de la tierra, y por tanto es un «terrestre», como dijo Buber, a quien se ha infundido un aliento de la divinidad. La figura humana no es utópica ni desesperada. El primer terrestre que tuvo un hermano lo asesinó, y, a pesar del diluvio, de la torre de Babel y de la corrupción moral, los descendientes de Adán se convirtieron en socios de la Alianza con Dios.

«¿Qué es el hombre para que te acuerdes de él?» (Sal 8, 2). Son los ángeles quienes dirigen a Dios esta despectiva pregunta con respecto al hombre, ante lo cual el Creador —según la tradición judía— se presenta como abogado de su criatura. Pues, según una antiquísima leyenda, el segundo día Dios creó los coros de los ángeles, con su inclinación natural al bien y su incapacidad de pecar. Al día siguiente creó a los animales, con sus apetitos instintivos, pero en ninguno de los dos halló beneplácito. «Voy a hacer al hombre», dijo el Señor del mundo, «como animal-ángel para que pueda elegir entre el bien y el mal, entre la maldición y la bendición». Y ahí lo tenemos: un manojo de contradicciones de carne y sangre, imagen de Dios y terrón de barro, socio de Dios y de su antagonista, ligado a la tierra y atraído por el cielo, constructor de cámaras de gas y víctima de ellas, amante de la paz y emprendedor de guerras, signo de admiración entre arriba y abajo cuando todo va bien y funesto interrogante cuando caen sobre él aflicciones a las que no escapa ningún hijo de Adán. Nietzsche llegó a decir que el hombre debe ser superado, en lo que coincide con Blas Pascal cuando sostiene que el hombre trasciende infinitamente a los hombres. Ambos tienen a la vista la misma elemental verdad rabínica: Dios ha creado todas las cosas, pero al hombre lo creó destinado a la esperanza. Lo que significa que el hombre no ha de contentarse consigo mismo y con el mundo tal como son, sino que puede y debe ennoblecerlos a ambos. Necesita para ello el apoyo de una verdad de la Biblia, de más profundo calado que lo que parece a primera vista: «no es bueno que el hombre esté solo» (Gn 2, 18). Para comprender dicha verdad en toda su profundidad, los maestros de la Cábala preguntan por qué creó Dios el mundo. Y responden: «por amor, pues tampoco el Señor del mundo quería estar solo». Por consiguiente, el amor tiene origen divino, y amar significa imitar a Dios —el más alto objetivo de la ética judía. Pues sólo el amor necesita un referente, que es distinto de ti, pero de tu misma naturaleza. Así, los hombres somos totalmente distintos de Dios y, sin embargo, somos portadores de su imagen y semejanza. Se concluye de ahí que, si Dios ha creado el mundo por amor y, por tanto, el amor encierra el sentido último de la realidad, la verdadera identidad sólo cabe ser encontrada en el prójimo; y entonces Dios no puede experimentarse en el ser ni en el tener, sino en el repartir y el compartir, en la recíproca orientación hacia el otro de toda la potencialidad amorosa: desde la fuerza de atracción de la tierra, pasando por la *unio mystica* de todos aquellos que buscan a Dios, hasta la fusión nuclear del átomo propuesta por los físicos —todo ello son otras tantas manifestaciones de la misma «llama divina» de la que nos habla el Cantar de los Cantares. Al conjunto de esa multitud de fuerzas lo denominamos amor. La vida plena no se halla, por tanto, en el desencuentro de la confrontación ni en el enfrentamiento del amor-odio ni en el desgarro de la enemistad, sino en el verdadero encuentro en una auténtica unidad de dos. Si el hombre es, por consiguiente, un ser dialógico que necesita un Tú para madurar, para crecer y llegar a ser él mismo, ¿cómo convencerlo amablemente de que ha nacido para amar, de que sólo a través del otro puede amarse de verdad a sí mismo?

FRANKL: Sin embargo, no tendría ni el más mínimo sentido prescribir a la gente «amaos y respetaos mutuamente», pues eso supondría una moralización del problema. Pero cuando los hombres logran asumir juntos las tareas que normalmente los enfrentan, se convierten en cooperadores —y no como resultado de un mandato, sino como una consecuencia. De ahí que no pueda ordenar a nadie: «¡ama!» Eso lo irritaría. Lo que he de hacer es mostrarme digno de amor o, al menos, ser amable, para así conseguir que él también ame.

Menos aún puedo forzar la fe. Éste ha sido, en mi opinión, un gran error de las diferentes confesiones: «¡debes creer! Y si no crees te condenarás». Desde el punto de vista psicológico, es lo peor que se le puede hacer a alguien. Consigo exactamente lo contrario de lo que lograría si me limitara a presentar al Señor como creíble. Presentar a Dios como un viejo que quiere a toda costa que crea en él y que, si no lo hago, se enfada y me condena, no es hacerle ningún favor. ¿Qué quiere que crea? Bueno, si eso le contenta, ya creo. Pero eso no es fe verdadera, pues no tiene en cuenta la intencionalidad.

Veámoslo de un modo humorístico. Si te ordeno: «¡ríete!», lograrás, en el mejor de los casos, una sonrisa forzada, pero si te cuento un chiste, tendrás un buen motivo de risa. Eso es también aplicable a otros supuestos. Se es espiritual en la medida en que uno se trasciende a sí mismo, no se orienta hacia sí mismo, sino hacia algo o alguien en el mundo, hacia un Tú. Ser hombre es estar orientado intencionalmente hacia otro ser o hacia un semejante. Pero en el momento en que esa intencionalidad se vuelve hacia uno mismo, pierde su sentido. El sujeto tiende intencionalmente hacia el objeto, y cuando mi intencionalidad se vuelve hacia algo subjetivo, lo estoy objetivando. Entonces mi mirada subjetiva pierde su verdadero objeto, y, por tanto, su verdadera intencionalidad. Para la fe hace falta credibilidad, para la esperanza hace falta un fundamento, y para ser amado hace falta ser digno de amor.

Esas cosas no se pueden mandar.

LAPIDE: Aplicando esto al diálogo, podríamos decir que un auténtico diálogo cambia a los dos interlocutores. Ambos lo terminan de un modo distinto de como lo han comenzado, pues cada uno recibe y asimila algo del otro, sea o no consciente de ello.

Y, con respecto al sentido, Sr. Frankl, lo que usted decía sobre el Yo y el Tú es una interesante cuestión gramatical. Todas las conjugaciones de las lenguas indoeuropeas comienzan con yo, tú, él: yo vivo, tú vives, él vive. Sólo el hebreo bíblico comienza por la tercera persona. En hebreo, la raíz verbal se toma de la tercera persona de la conjugación, es decir, se conjuga: él vive, yo vivo, tú vives. «Él» es lo primero, mientras que en las lenguas indoeuropeas, marcadas por el egoísmo, «él» pasa al tercer lugar. Según

Buber, «Él» es, como usted sabe, el pronombre personal de Dios, lo que resulta de algún modo simbólico con respecto a la teología.

FRANKL: Quizás no resulte sorprendente que hayan sido precisamente los judíos quienes han realizado estos dos logros. Como usted muy bien ha resaltado, ¿no se halla esta primacía lingüística de la autotrascendencia de algún modo en conexión con el logro único del monoteísmo, la superación del politeísmo y de la idolatría?

LAPIDE: Es muy verosímil.

FRANKL: Es significativo que este «Él» no sea pensable en plural. Y a ello hay que añadir el precepto fundamental. La primera y suprema caracterización de Dios como el Único.

LAPIDE: Contamos con ambas cosas, Sr. Frankl, tanto Elohim como Adonai, los principales nombres atribuidos a Dios, tienen forma plural. Los nombres de Dios aparecen en plural, pero, en su actuación, se conjugan sólo en singular. Nos hallamos pues, al mismo tiempo, frente a la pluralidad de las formas de actuación de Dios y ante la singularidad de su unidad y unicidad.

La *unitas multiplex* de Tomás de Aquino sería, por tanto, plenamente compatible con el pensamiento judío. En nuestra visión, no hemos impuesto ninguna limitación a Dios. No olvidemos que la revelación de Dios, fundamental para el judaísmo, se halla expresada básicamente en las palabras de la teofanía de la zarza ardiendo: «Yo estaré ahí como el que seré», lo que significa varias cosas al mismo tiempo: *Yo*, y ningún otro del que quepa fiarse, *estaré*, por lo que nadie puede prever en qué forma me va a encontrar, si en lo más íntimo de sí mismo o en la normatividad de los fenómenos del universo, lo que para Einstein constituía una cada día nueva revelación de Dios.

FRANKL: ...«como el que estaré ahí»: no sólo no lo podéis saber, sino que tampoco podéis saber en cuántas formas distintas.

LAPIDE: Pluralidad como forma de manifestación. De ahí que estas palabras de la revelación de Dios constituyan para los judíos creyentes la única definición de Dios.

FRANKL: Algo semejante parece haber intentado Hitler, que solía iniciar sus discursos con el siguiente eslogan: «¡de una u otra forma, estaré ahí, de una u otra forma! Pero nunca sabréis cómo».

LAPIDE: En última instancia, Hitler quería destronar a Dios para entronizarse como Señor de vida y muerte. La respuesta del cielo fue la misma que la que el profeta Ezequiel hizo llegar al enloquecido rey de Tiro: «[...] por haber equiparado tu corazón al corazón de Dios, por eso, yo voy a traer contra ti a extranjeros, a los más violentos de entre las naciones, que desenvainarán sus espadas contra tu bella sabiduría y profanarán tu esplendor. Te harán bajar a la fosa, morirás de muerte violenta» (Ez 28, 6ss.). Así se escribió en Jerusalén hace 2.500 años, y así sucedió también en Berlín en abril de 1945. Los que se endiosan y quieren hacerse absolutos, vienen a acabar como bestias. Eso es lo evidenciado una vez más por Hitler como el último de la larga cadena de endiosados tiranos de la humanidad. Y esperemos que no hagan falta más ejemplos de lo mismo. La lección es instructiva: dondequiera que se haya desdivinizado al cielo, se habrá terminado por deshumanizar al hombre. Con respecto al sentido, habla usted de voluntad y búsqueda de sentido como un método central de terapia, y también de una aportación de contenido para una vida plena. No puedo estar más de acuerdo con todo ello.

Pero la palabra «sentido» parece poseer una connotación excesivamente estática, establecida, pues algo tiene un sentido, independientemente de que yo exista o no. Parece ser un atributo inherente a una cosa. Pero, si he leído correctamente sus libros, nada podría ser más dinámico que esta búsqueda o descubrimiento del sentido. De hecho, la palabra «sentido» indica también una dirección, un rumbo que hay que seguir para alcanzar un objetivo. Y aquí descubrimos dos cosas: por una parte, la dirección se supone conocida de antemano, y, por otra, se encuentra marcada por el camino que se va haciendo, la experiencia que se hace al andar. ¿No es, por tanto, la búsqueda o el descubrimiento del sentido una experiencia en una dirección concreta? Una experiencia consciente del sentido, un seguir adelante, un proceso dinámico que realmente no acaba nunca, y por más que conozca la dirección, en modo alguno estoy seguro de alcanzar el objetivo al fin del camino.

FRANKL: Lo que sucede es que en todo el lenguaje de la logoterapia aparecen varias ideas de «sentido». Por una parte, se trata del sentido de la vida, de intentar dar un sentido a la vida, de llenar la vida de sentido. Por otra, en la intención de la logoterapia se entiende cada vez más por «sentido» el sentido concreto de una determinada persona que se encuentra enfrentada a una situación concreta. Este sentido es siempre único e irrepetible: único, por cuanto sólo puede realizarse ahora, pues la situación es cambiante, y la vida una cadena de situaciones transitorias y, por tanto, de posibilidades de sentido. Por eso el sentido, la posibilidad concreta de sentido, es algo único. Irrepetible, no sólo porque no vuelve de nuevo, sino también porque es insustituible. Por tanto, el sentido cambia de hora en hora y de hombre a hombre, ininterrumpidamente. Esta inconmensurabilidad configura también nuestra responsabilidad. Por eso debemos realizarlo.

En ninguna parte lo he visto más bellamente expresado que en el maestro Hillel: «si no lo hago yo, ¿quién lo hará? Y si no lo hago yo ahora, ¿cuándo debería hacerlo?» Por una parte tenemos la singularidad de la persona; por la otra, la irrepetibilidad de la situación, y en tercer lugar, la autotrascendencia. En realidad, si sólo hago algo para mí mismo, para mi tranquilidad interior, o bien para experimentar sensaciones de placer o de poder, de poco me sirve. No estoy siendo hombre, pues en ese momento y de ese modo no me trasciendo a mí mismo. En la práctica, al menos en una situación terapéutica, únicamente cabe hablar de un sentido particular. Claro que existe un sentido de la vida e incluso un sentido del mundo, que no vamos a abordar de momento. El sentido del mundo, del universo, es un super-sentido, imposible de captar intelectualmente. Lo que ahora nos preocupa no es la inanidad del ser, como han defendido Camus y Sartre, sino nuestra finitud, nuestra incapacidad para captar intelectual o racionalmente el sentido último. Ni siquiera el sentido de la vida puede ser comprendido racionalmente. Los sentidos particulares, al igual que el sentido de la vida, se comportan con respecto al sentido global de la existencia de la misma manera en que los distintos planos de una película lo hacen con respecto a su totalidad. La película tiene un sentido global que sólo descubrimos si contemplamos todas las secuencias de imágenes. Así, en el mejor de los casos, el sentido de la vida únicamente se nos descubre al final del trayecto. Eso en nada cambia el hecho de que el sentido de la vida entera en modo alguno puede realizarse si no somos capaces de apreciar claramente el significado de cada secuencia concreta. Eso quiere decir que, si no cumplimos *hic et nunc* el sentido, según nuestro mejor ver y entender, resulta muy dudoso que lleguemos a realizar, al menos en su totalidad potencial, el sentido global de la existencia. Desde el punto de vista de la logoterapia, entendemos por «sentido», ante todo, este sentido particular, el sentido aquí y ahora, al que apuntaban sus anteriores reflexiones.

LAPIDE: Recojo lo que usted dice, y sólo quisiera agregar que el sentido del hombre concreto pide hechos. La auténtica relación del hombre con Dios, que da a nuestra vida su principal fundamento y su significado final, tiene no sólo su lugar sino también su objeto en este mundo. Considero que Dios habla al hombre en las cosas y en las realidades que Él pone en su vida; el hombre responde con sus acciones en estas cosas y realidades. ¿Puede imaginarse un sentido que no exija al interesado —casi automáticamente— hechos para realizarlo mejor o más plenamente?

FRANKL: Una de las ideas que, desde temprana edad, han ido tomando forma en mi vida es la idea de que realmente no estamos en condiciones de preguntar por el sentido de la vida. Y esto es así por la sencilla razón de que deberíamos entendernos a nosotros mismos, a nuestra existencia, a nuestra vida como un ser-preguntados. Los preguntados somos siempre nosotros, la vida es la que nos plantea las preguntas. La vida nos pone ante las preguntas vitales a las que debemos responder. Y éste es un responder responsable. Esto significa que damos respuesta a la pregunta por el sentido de la vida en la medida en que nos responsabilizamos de nuestra vida, y no precisamente de palabra, sino, en definitiva, sólo con hechos. Como ve, no puedo estar más de acuerdo con lo que usted dice de los hechos. Yo expresaba, ya entonces, esta primacía de la acción con una cita de Rudolf Eucken, un filósofo bastante conocido en los años veinte, que habla de un acto axiomático. Por tanto, el axioma, el postulado, la hipótesis que se puede establecer de un modo en apariencia cognitivo, teórico, y no pragmático, consiste en un acto que ponemos. Como usted ha dicho antes, el axioma es algo sin lo cual la ciencia es incapaz de funcionar. En este contexto, considero que se debió a un *lapsus linguae* el hecho de que Aristóteles o los aristotélicos llamaran «metafísica» al libro que venía después de la física. La metafísica no está *después de* la física, sino *antes de* la física, es algo previo. Sin este axioma no sería posible la física.

Volvamos a la irrepetibilidad del sentido y a la cuestión de la primacía de la acción: si la posibilidad de sentido no fuera única e irrecuperable, y nosotros no fuéramos únicos e insustituibles, difícilmente sería ya factible la responsabilidad.

Pues la irrepetibilidad de nuestra persona, junto con la irrepetibilidad de la situación que nos sale al encuentro, configuran una doble responsabilidad del hombre: con respecto a lo que hace aquí y ahora, y que sólo puede hacer aquí y ahora, y con respecto a lo que llegará a ser en el momento siguiente.

LAPIDE: Exacto. Eso supone que el sentido pide acción y es en realidad gemelo de la esperanza. El sentido del hombre concreto se eleva sobre el ser y apunta al deber-ser, a algo futuro. Eso es justamente lo que hace la esperanza, no muestra la realidad en su actual tridimensionalidad, sino que añade una cuarta dimensión, la del futuro. Si doy sentido a mi sufrimiento, a mi destino, que al principio no quiero aceptar y contra el que me rebelo, pero con el que, después de una larga lucha, me reconcilio, estoy dando sentido a una cosa que antes no lo tenía, a través de una acción que confiere a ese sufrimiento o a ese destino un futuro, una cuarta dimensión. Y la acción está hermanada con el futuro, pues cada acción busca un resultado, todavía pendiente. No puedo hacer algo sin fe en el futuro, pues la acción necesita tiempo para desembocar en resultados. Por tanto, la realización del sentido, si lo he entendido correctamente, requiere dos cosas o descansa sobre dos pilares: pide hechos y fe en el futuro.

FRANKL: En este contexto, ha hablado usted expresamente de sentido del sufrimiento. Por mi parte, insisto en que, en la medida de lo posible, hemos de mantener sinceramente la prioridad de la acción, hemos de tratar de suprimir las causas del sufrimiento, ya sea mediante una operación, una terapia, o una acción política, etcétera. Sólo cuando ya no queda otro recurso, debemos asumir el sufrimiento.

Habrá que admitir, al respecto, que eso requiere una actuación interior: debo cambiar, debo mudar mi actitud, en pleno acuerdo con la afirmación de Yehuda Bacon, según la cual el sufrimiento en Auschwitz ha tenido sentido si *tú* consigues cambiar.

LAPIDE: Y lo ha mostrado, dando testimonio del dolor del alma en docenas de cuadros, que se encuentran hoy en todas las galerías de Europa. Y también Elie Wiesel, quien en sus doce libros, ha realizado una especie de autoterapia de los traumas de Auschwitz. Ambas cosas son hechos —en Tehuda Bacon la pintura, en Elie Wiesel la escritura—, una terapia que ha superado traumas mediante actos cargados de futuro.

FRANKL: Si esta actuación, en cuanto crecimiento, maduración y, por tanto, cambio personal, se apoya en un cambio de actitud, cabría afirmar que el sentido del sufrimiento —por continuar en su categoría de la acción— consiste en que yo haga algo en mí mismo, cambie algo, me transforme: una actuación dentro de mí, no una actuación en el mundo.

LAPIDE: Totalmente correcto. De igual modo que escuchar una sinfonía de Beethoven no es un simple proceso pasivo de escucha, sino un muy activo proceso de recepción y asimilación de impresiones acústicas, una reproducción, que, como constatan los médicos, consume más energías que cortar leña durante tres horas, la superación del dolor mediante un trabajo activo en mí mismo es una acción en el más productivo sentido de la palabra. Así, el trabajo interior que alguien hace para superar constructivamente su sufrimiento puede ser un «trabajo amargo» equivalente a la sed de acción, que suele ser consecuencia de una realización de sentido o, mejor aún, la madre del futuro logro del sentido. Esto me recuerda una nota a pie de página en la que usted escribe: «en mi libro *Homo patiens (Ensayo de una patodicea)* me he propuesto responder a la pregunta formulada por Nietzsche, "¿para qué sufrir?", y aclaro que todo depende de *cómo* se asume el dolor al que uno se halla sometido. En este *cómo* se encuentra la respuesta al *para qué* del dolor». El gran salmo de lamentación de la liturgia judía (Sal 22), que Jesús recitó a la hora de morir en la cruz, comienza con las palabras «*Eli, Eli, lama sabbaktani*», que fueron traducidas de modo incorrecto, a partir de una mala traducción griega, en la expresión: «Dios mío, Dios mío, ¿por qué me has abandonado?» En realidad, el texto hebreo dice: «Dios mío, Dios mío, ¿*para qué* me has abandonado?» La diferencia es de años luz. «Por qué me has abandonado» supone una duda con respecto a Dios, cuestiona a Dios, mira al pasado, a la motivación, mientras que la pregunta del trimilenario texto hebreo, que seguramente Jesús conocía, mira al futuro, no cuestiona a Dios, sino que, dando por sentado el sentido de estos sufrimientos, quisiera saber cuál es y para qué me los envía.

FRANKL: Pero este desconocimiento, incluso de principio, implica que, por mis medios, nunca seré capaz de descubrir su sentido, y, puesto que ni lo sé ni puedo saberlo, no tengo más remedio que preguntarte a ti, Dios, no puedo más que recibir tu respuesta. Por eso debo preguntarte.

LAPIDE: El Salmo 22 no plantea una cuestión de teodicea, como falsamente se interpreta en docenas de textos de teología, sino que este versículo del salmo, que acompañó en su muerte a Jesús y a innumerables judíos, plantea la cuestión de la «patodicea», que acepta incondicionalmente la actuación de Dios, el Tú de Dios, el super-sentido de Dios, pero que quisiera únicamente conocer una pequeña porción de esa gran totalidad, el sentido de mi dolor en el conjunto del plan salvífico divino, antes de dejar este mundo.

FRANKL: Si lo he entendido bien, podríamos decir que se trata de una pregunta a Dios, pero no de poner en cuestión a Dios.

LAPIDE: La diferencia es semejante a la que existe entre el blanco y el negro. No sólo se acepta a Dios, sino también su actuación, junto con mi propia incapacidad de comprenderla, pero, puesto que, como instrumento de Dios, me ha tocado acabar aquí entre insufribles tormentos, ruego a Dios que tenga a bien concederme la gracia de conocer la minúscula porción que le toca a mi dolor en el conjunto de su plan salvífico...

FRANKL: ...que al menos me deje vislumbrar algo. Eso es precisamente lo que he querido apuntar, oponiéndome a Camus y Sartre, con mi tesis de que no podemos aceptar la inanidad de la existencia humana, sino más bien asumir nuestra incapacidad para comprender intelectual o racionalmente su sentido. El sentido está confiado a nuestra existencia, que se pone a sí misma en la balanza del juicio, de la decisión, para pronunciar un sí o un no. Se trata una vez más de una realización, un hacer realidad, un *fiat*, o un *amen*.

LAPIDE: *Amen* significa que ratifico las palabras del que acaba de hablar, digo que algo es firme, estable, consistente;

por más que mis cinco sentidos no lo perciban, mi alma lo ratifica con un «Sí» rotundo.

FRANKL: Hemos dado un paso más, pues el *fiat* quiere decir «así sea», mientras que el *amen* significa «así es».

LAPIDE: Quizás ello se deba a que los hebreos tienen una concepción del tiempo distinta de la de los indoeuropeos. Los indoeuropeos establecen una neta tripartición de todas las cronologías: pasado, presente y futuro, extraña al espíritu de la lengua hebrea. El hebreo experimenta el tiempo como un río que no conoce presente, sino únicamente un fluir ininterrumpido del pasado al futuro, de modo que, incluso en los profetas de Israel, resulta muy difícil de precisar, desde un punto de vista puramente gramatical, si están hablando de una acción salvífica de Dios ya pasada o de una promesa aún por cumplir: pasado y futuro se confunden como sucede en un río que discurre sin pausa. *Panta rei*, todo fluye en la visión hebrea del tiempo. Por tanto, cuando un hebreo dice: «amén», está diciendo amén a lo que hoy es y a lo que será mañana, que, en su viva fantasía, se sitúa ya en el presente, por más que, para un frío pragmatismo, aún no haya sucedido.

Como el río: siempre en movimiento. El hebreo es dinámico, no se queda quieto, está tan enamorado del futuro que el mismo tetragrama del impronunciable nombre de Dios no es sino una forma verbal en futuro, un llegar a ser, «el que seré», que indica esperanza y afirma rotundamente el «todavía-no».

FRANKL: Toda esta sincronicidad se muestra, por una parte, en expresiones como ésta: «tú has visto mis acciones futuras aun antes de que yo naciera»; Dios tiene, por tanto, el futuro en sus manos. Por otra parte, todo lo que hacemos, vivimos, y hasta lo que sufrimos permanece a salvo en el pasado, de donde nada ni nadie puede robarlo. Lo que hacemos *una vez* cuando captamos y aprovechamos la oportunidad única de realizar el sentido, lo hemos hecho *de una vez para siempre*, lo hemos eternizado, lo hemos creado en el pasado, donde ha sido preservado, donde ha sido conservado en el sentido de estar bajo custodia.

Suelo decir en este contexto que sólo vemos el pasado, los rastrojos del campo, y no reparamos en los repletos graneros en que hemos guardado la cosecha.

Volvamos al problema del sufrimiento. Con ocasión de una estancia de dos días de Martin Heidegger en Viena, donde pronunció una conferencia, tuve el honor de compartir con él tres horas y media, y de ser al único al que quería ver y visitar. Heidegger creía entonces estar de acuerdo con mi concepción del ser-pasado como la forma más segura del ser, y me escribió como dedicatoria al pie de una foto: «el pasado fluye, lo pasado viene». Yo le respondí que hasta ahora no conocía a nadie que pensara lo mismo, lo cual no dejaba de ser preocupante. «No», me dijo él, «Hegel y yo pensamos eso mismo». Pero luego he conocido otras dos personas con el mismo pensamiento. Una de ellas es Rilke, que en uno de sus versos dice: «pero el una vez es imperecedero...» La otra, el salmista que afirma: «tú conservas mis entradas y salidas, y las tienes apuntadas en tu memoria y en tus libros; ¿no están mis lágrimas en tu almohada? Hasta los sufrimientos están custodiados en el pasado. Todo está custodiado en el Señor». Eso pienso ahora. Por una parte, Dios ha custodiado las lágrimas del pasado. Por otra, ya hace mucho que tiene el futuro junto a sí, en sus actas. Me permito mencionarle al respecto, mi libro *La voluntad de sentido*, que recoge la conferencia «Tiempo y responsabilidad», entre cuyos asistentes se encontraba Karl Rahner. Creo que fue allá por 1947, en Innsbruck. Allí desarrollo esta teoría del tiempo, la teoría del pasado.

LAPIDE: La concepción circular del calendario litúrgico judío tiende un puente entre pasado y futuro.

FRANKL: Cuando exponía usted la imagen del río, me he imaginado que ese río fluía en círculo, cíclicamente.

LAPIDE: En efecto. El pensamiento cíclico del año sinagogal hace presentes eternamente los acontecimientos centrales del pueblo judío. El éxodo de Egipto, que aconteció hace más de 3.200 años, se renueva cada año en la Pascua judía, representado por niños de cuatro y cinco años que ni siquiera sospechan dónde se encuentra Egipto. Pero lo esencial, y lo que queda, es que Dios nos salvó de la esclavitud y nos hizo hombres libres. En otras palabras, me permito parafrasear el *dicho* de Heidegger, «el pasado fluye, lo pasado viene», añadiendo que se repite incesantemente, permanece mientras vivimos y en la medida en que da sentido y configura nuestra vida, como la vivencia del éxodo, la experiencia de los macabeos, y también las grandes destrucciones del Templo, imborrables en la memoria del pueblo, y que vuelven cada año, de modo que la repetición no es sólo un asunto para investigadores, sino también matriz de presencia imperecedera en la memoria de todo el pueblo.

FRANKL: Aquí hallamos de nuevo una dimensión temporal de la parábola espacial del faro, de Max Scheler. Cuando volvemos la vista al pasado, hemos ya andado medio camino en la dirección correcta del futuro.

LAPIDE: En el término *olam*, que puede significar «el mundo» y también «la eternidad», se muestra hasta qué punto se confunden en la lengua hebrea lo espacial y lo temporal. Así, cuando leemos a los profetas, sólo por el contexto puede saberse si se refieren al mundo o a la eternidad, al conjunto del espacio o al conjunto del tiempo, que, juntos, conforman nuestra imagen del mundo.

FRANKL: En esto consiste el cosmos cuatridimensional según Albert Minkowski, discípulo de Einstein, que incluye todo el espacio y todo el tiempo en un sistema unitario.

LAPIDE: Así es, poco más o menos. Pero quisiera añadir algo anecdótico para subrayar la visión circular. Es costumbre entre los judíos dar de comer huevos durante siete días a quienes están guardando luto. ¿Por qué? Por su forma redonda, el huevo es símbolo de la vida, de modo que quien se te ha ido ayer y a quien hoy estás llorando no ha muerto para siempre, pues Dios ha configurado la vida en un ciclo, y la tumba en modo alguno supone un punto final.

Quisiera hacerle ahora una pregunta personal: ¿ha rezado usted en el campo de concentración?

FRANKL: Le respondo con otra pregunta: ¿dónde no?

LAPIDE: De acuerdo. ¿Le ha dado eso fuerza?

FRANKL: No me atrevo a afirmarlo, y no es que con ello quiera indicar que no me ha dado fuerza. Casi diría que me sentía contento de tener fuerza para orar. Pero lo que considero oración en mi vida y para mi vida es hasta tal punto no-utilitario, que no podría decir si eso me ha dado fuerza. Orar significa para mí ver realmente las cosas *sub specie aeternitatis*, es decir, con absoluta independencia de mí mismo; la oración es para mí más bien una consagración, ver las cosas en una perspectiva que les confiere potencialmente un sentido, a pesar de todas las atrocidades. Cabría decir que el hombre es el ser que ha inventado las cámaras de gas, pero también el ser que ha entrado en esas mismas cámaras de gas con una oración en los labios; por ello me veo obligado a preguntar: ¿qué habrían podido pedir para sí estos hombres, qué habrían podido implorar, suplicar? Nada en absoluto, pues sabían muy bien que no hay noticia de que una muerte en la cámara de gas se haya suspendido alguna vez en el último momento. Pero esa era la verdadera oración, ese *fiat*, ese *amen*, la incondicionalidad que ahí se expresa.

LAPIDE: Si usted quiere, esa sumisión...

FRANKL: Si trato de reconstruir lo que he experimentado al orar, he de precisar que siempre ha estado muy lejos de mí conseguir lo más mínimo.

No quiero decir que no lo esperara, pues excluir de antemano la esperanza, considerar algo como imposible, es una afrenta a la dignidad de Dios. Pero eso queda más allá de toda expectativa. Y sencillamente porque era consciente de que no era lícito esperarlo, ni siquiera pedirlo, pues ciertamente no lo merecía, no me había hecho digno de ello. Pero esto es algo completamente distinto, es un diálogo con una X mayúscula, que equivale al gran Desconocido, un diálogo con un Desconocido en una seriedad última y, he de añadir, en una seriedad y soledad últimas. Quizás seriedad, porque ésta implica soledad, pues no hay ahí nadie que le ofrezca a uno algo, que le dé a uno algo en que creer o no creer. Este diálogo en seriedad y soledad última es, pues, la oración, quizás tampoco haya aquí ninguna esperanza, sino un mantener mi fe en un sentido último, independientemente de toda esperanza o desesperanza. Y surge la mayoría de las veces en un momento en el que no queda esperanza. Y digo «la mayoría de las veces» porque también puede suceder —y probablemente les pasa a todos los seres humanos lo mismo— en los momentos de mayor júbilo. No sé si me siento más inclinado a orar en los momentos felices o en los desgraciados, pero lo sospecho. ¿A quién le voy a decir qué feliz soy, qué hermoso es esto? ¿A mí mismo? ¿Ante quién me voy a quejar de este horror? ¿Ante mí mismo?

LAPIDE: Como todo discurso sobre Dios, lo que usted acaba de decir es un balbuceo que irrumpe desde lo profundo del corazón. Si se tratara de un lenguaje vulgar habría que desconfiar de ello. Pero la cuestión que aquí me interesa es ésta: ¿son las oraciones que usted pronuncia, tanto en tiempos de profunda aflicción como en momentos de extremada felicidad, oraciones de propia invención o más bien vienen espontáneamente a sus labios fragmentos de salmos o de la liturgia judía?

FRANKL: La oración apenas necesita palabras. De igual modo que existen canciones sin letra, hay también oraciones sin palabras. Una oración puede también ser un suspiro y durar segundos o fracciones de segundo; cuando comienzo una frase no sé cómo voy a seguir, y entonces recurro a aquel «material» en el que he aprendido a rezar. Personalmente, he aprendido a rezar en hebreo, y solía rezar el «Estoy cansado, guardo silencio, cierro mis ojos», etcétera. Antes de que aprendiéramos el *Shema Israel*, mi hermano y yo, que dormíamos en la misma habitación, nos recordábamos el uno al otro que antes de dormir había que rezar, y, después de apagar la luz, recitábamos juntos el «Estoy cansado» etcétera. Recuerdo que nunca recitábamos esa oración sin decir «vamos a rezar». Hasta ese punto se trataba de un acto reflejo normal. Con eso pretendo indicar que para mí las religiones son lenguajes confesionales. A través de múltiples lenguas se llega desde las partes más diversas a una verdad única. Generalmente como mejor se ora es en la lengua materna con la que uno ha crecido, como sistema de comunicación, como sistema simbólico. Por tanto, no es sorprendente que la mejor forma en la que podemos acercarnos a Dios sea en la lengua en que hemos aprendido a rezar. Por eso es muy comprensible que siempre que he orado, o hecho algo que merezca calificarse seriamente como oración, lo haya hecho en hebreo.

LAPIDE: ¿Le viene a la memoria algún pasaje o algún lugar especial al que suela recurrir en su oración?

FRANKL: Comenzaré contándole algo que me sucedió en un viejo campo de concentración, una pequeña fortificación, a diferencia de la gran fortificación de Theresienstadt. Había comandos de trabajo para los allí «recluidos», y a mí me mandaron cavar un campo, actividad que yo no sabía cómo realizar. Había allí un auténtico gángster encubierto, con quien yo había hecho cierta amistad, que intentó salvar la situación susurrándome al oído: «mira como se cava un campo de patatas». El vigilante de las SS no tardó en darse cuenta de que yo nunca había trabajado en el campo y me preguntó, mientras sostenía amenazadoramente la culata de su fusil: «oye, ¿cuál era tu profesión?» Yo no era tan estúpido como para decirle que me había desempeñado como médico y jefe del departamento neurológico del Hospital Rothschild, así que le respondí que había trabajado como camillero en el hospital Rothschild. Él replicó entonces: «lo que no sabes es cavar», y me llevó a una estancia de tratamiento especial, de donde salí tres horas más tarde lleno de contusiones. Herido como estaba, hube de ir a buscar un cubo de agua y transportarlo hasta lo alto de un gran montón de basura, sin derramar ni una sola gota. Como no lo conseguí, me golpeó brutalmente un par de veces. Parece increíble, pero esto constituía un procedimiento típico de los campos de concentración en tales situaciones. Al ver cómo debía ir una y otra vez a buscar agua a un pequeño estanque y llevarla hasta allí, mientras aquél permanecía allí sentado, fumando su pipa y mirando, no pude menos que recordar y recitar el *Shema Israel*. Como entonces vivían todavía mi padre y mi hermano, yo no sabía aún el *Kaddish*, y sólo a la muerte de mi padre hube de aprenderlo de memoria.

Desde entonces mantengo la costumbre de rezar en hebreo en determinadas situaciones y ante determinados acontecimientos, y, desde la primera noche en el campo de concentración, leo siempre un par de páginas de los Salmos, aunque con algunas interrupciones, debidas también a circunstancias propias de los campos de concentración.

Resulta casi inquietante la relación que puede establecerse cuando uno ha aprendido a leer los Salmos desde la experiencia de una situación. Se encuentran en ellos referencias al día, el mañana, el hoy, el ayer, lo cotidiano, la vida diaria. De repente te topas de algún modo con una oración sobre algo relacionado con tu vida, no solamente con ese día sino con una problemática de acuciante actualidad.

LAPIDE: Lo entiendo perfectamente, de igual modo que entiendo a aquella asamblea de diez rabinos en Auschwitz que, según el relato de Elie Wiesel, llamaron a Dios a juicio y dijeron: «Señor del mundo, Tú has prohibido en la Biblia que se sacrifique en un mismo día la vaca y la ternera, que se mate en un mismo día la gallina y el pollito, pues hay que dejar a uno con vida. ¡Por qué no cumples Tú en Israel lo que nos has prohibido con los pájaros, puesto que aquí padres e hijos son asesinados juntos todos los días!» Y, después de tres días de sesión judicial, declararon a Dios culpable. Pero inmediatamente después del veredicto de culpabilidad, dijeron todos al unísono: «y ahora ¡oremos al Señor del mundo!» Esto es lo que de algún modo me han sugerido sus emotivas palabras.

FRANKL: Fíjese que la única manera en la que puedo expresar mi respeto personal por usted es decir cosas que nunca he dicho aún, confiarle cosas que incluso tampoco he pensado todavía. Debe entender también mi situación. Resultaría fácil intentar devaluar la logoterapia afirmando que se trata de una visión del mundo, de una ideología personal, de la religiosidad personal del Sr. Frankl, que a fin de cuentas no es un científico; parecería que está introduciendo la religión por la puerta de atrás una vez que al fin nos hemos liberado de los mojigatos, etcétera. Y no deja de haber en ello algo de verdad, pues la logoterapia apuesta abiertamente por la dimensión transantropológica —y estoy evitando conscientemente el término «transpersonal»

Por mucho que la religión sea para la logoterapia «sólo» un tema, y nunca un posicionamiento, este tema le resulta vital, y ello por un simple motivo: en conexión con la logoterapia, *logos* significa «espíritu», y, por tanto, «sentido». El espíritu designa la dimensión de los fenómenos específicamente humanos, y, a diferencia del reduccionismo, la logoterapia se niega a circunscribirse a cualquier clase de fenómenos infrahumanos o hacerse dependiente de ellos. La logoterapia no coincide con Freud en considerar la religión como neurosis colectiva de la humanidad, ni a Dios como interiorización de la imagen del padre, etcétera. Eso no lo hace. Pero sí ha hecho una cosa. Desde hace años, por no hablar de decenios, ha tomado a la religión totalmente en serio en cuanto fenómeno humano, tan en serio como a la sexualidad, etcétera; lo digo ahora abiertamente, afianzando así el sistema vertebral que sostiene a todos los pastores, sacerdotes y rabinos americanos. Como decía uno de ellos: «llega aquí ahora un psiquiatra con acento vienés y declara por fin que el hombre busca sentido, y no, ante todo, placer; el hombre no consta de libido y conflicto entre el Superyó, el Yo y el Ello, etcétera; el hombre no es producto del medio ambiente y de la bioquímica, y otras cosas semejantes». Éste dice cosas que en el fondo son religiosas, de acuerdo con la afirmación de Einstein según la cual creer en un sentido de la vida es ser religioso. Y también de acuerdo con Wittgenstein, que dijo que creer en Dios es creer que la vida tiene sentido.

LAPIDE: Volviendo al sentido de la vida, y sin recurrir a lugares comunes, ¿no ha experimentado alguna vez, en los años difíciles, la sensación de ser guiado, de ser llevado por alguien?

FRANKL: Sólo me gusta opinar a posteriori. Han de pasar al menos diez años a fin de saber para qué sirvió algo. No hace mucho recordé casualmente una vivencia personal. Cuando supe que me iría del gueto y pensé «ahora me voy de aquí» no tenía idea de lo que era Auschwitz, pero se sabía que era lo peor que le puede pasar a uno cuando lo trasladan de Theresienstadt. Sin embargo, no recuerdo haberme sentido nunca tan libre y tan contento interiormente ante una situación. Preparé mi equipaje, salí a las calles del gueto, a las calles de Theresienstadt, sin idea alguna de lo que me esperaba, estaba interiormente dispuesto, sentía una levedad y una alegría inimaginables. Yo había hecho lo que me correspondía. Lo mismo me sucedió con mi padre después de su tercera neumonía, estaba esquelético, lo visité en el acuartelamiento, se le declaró el edema pulmonar, le di una ampolla de morfina que logré pasar al campamento, a fin de evitarle una dolorosa y angustiosa agonía. Le pregunté si tenía algún deseo, si sentía dolores, si había algo que quisiera decirme, luego me quedé unos minutos a su lado, hasta que la morfina hizo efecto, y me fui, sabiendo que ya no volvería a verlo vivo. Ése fue uno de los momentos más pacíficos de mi vida. Había hecho lo que me correspondía; me quedé en Viena a causa de mis padres y permanecí allí hasta su muerte, hice lo posible médicamente por aliviar la muerte de mi padre. Desde ese momento experimento la sensación de que tengo a alguien allá arriba, quizás una sensación infantil.

LAPIDE: La concepción católica de la intercesión —por ejemplo, María, la Madre de Dios, como intercesora de los fieles ante su hijo Jesús— se remonta a una antiquísima idea judía que expresa exactamente lo mismo, el deseo de que

Abrahán, Isaac, y Jacob intercedan por nosotros en el cielo, por nuestros muchos pecados.

FRANKL: Yo eso no lo sabía, pero la sensación infantil a la que me he referido fue extraordinariamente agradable, un sentimiento placentero, me sentí a gusto.

LAPIDE: Han sido sesenta generaciones de antepasados los que le dejaron esta herencia. En modo alguno se trata de un infantilismo. La idea de intercesores en el cielo es casi tan antigua como el judaísmo, pues ya nuestros antepasados decían: «perdónanos Señor, aunque no por nosotros, que no lo merecemos. Todo lo que nos has ido dando es gracia inmerecida. Pero acuérdate de nuestro padre Abrahán que, por ti, estuvo dispuesto a sacrificar a su hijo», y, yo añadiría, contra toda lógica, contra toda previsión científica, sólo por el honor de Tu excelso nombre. Acuérdate de él, y a nosotros, minúsculas criaturas, perdónanos nuestras transgresiones. Con toda probabilidad, esta idea no es nada cerebral, sino casi visceral, transmitida a usted por sabe Dios cuántas generaciones desde Maharal, y quizás aun antes desde Maharal. A este, como usted dice, sentimiento infantil de felicidad yo lo llamo más bien una originaria experiencia judía del deber cumplido y de una seguridad más allá de toda lógica, que, a falta de una palabra más precisa, podríamos calificar como un confiado reposo en Dios.

FRANKL: Es muy posible, pero no acabo de entenderlo, pues entonces diría que, si uno es capaz de fiarse de Dios, no necesita intercesores. Pero ahí está precisamente lo infantil; y cuando digo «infantil» no me refiero a que haya que limitarse a disfrutarlo, sino a algo relacionado más bien con el mito.

Se dice que Dios es invisible. Y alguien me lo ha planteado alguna vez como objeción; yo le pregunté si había estado en una escena de teatro, y le expliqué que, desde la escena, no se suele ver nada del espacio ocupado por los espectadores. A pesar de hallarse allí cientos de espectadores, uno sólo percibe una especie de gran agujero negro, pero sabe que está actuando ante el público. Lo mismo sucede con el Señor. El gran Espectador está sentado en su palco, tú no sabes dónde, no puedes verlo. Pero sabes que está allí. Entiende ante quién estás, dice la Torá. Asume tu responsabilidad de igual modo que el actor representa su papel.

LAPIDE: Dios es invisible e indemostrable. ¡Concedido! Pero también la existencia del amor, de la esperanza, del valor y de la nobleza del alma escapan a la percepción fotográfica, a la objetivación científica y a la prueba lógica, pero no a la fe, que con frecuencia nos acerca a puntos de vista mucho más profundos. Las mejores y más bellas cosas de nuestra vida no obedecen al dictado de la racionalidad. ¡Lo que no deja de ser un freno para nuestra ridícula arrogancia!

Pienso que eso debería bastarle a una persona religiosa, en el más amplio sentido de la palabra —a alguien que busca un sentido en su vida—, pues un Dios demostrable no sería ya el Dios de nuestros padres. Sería pura matemática, pura fórmula o ideología.

Y una cosa más: la afirmación «creo en Dios, Creador del cielo y de la tierra» pertenece a un tipo de afirmaciones tales como «creo que mi mujer es la más hermosa de todas». Es una afirmación axiomática, apriorística, y suficiente para una vida realizada. En el momento en que intento demostrarla, la traiciono. En el instante en el que se me ocurriera hacer un estudio estadístico entre las 5.000 mujeres del entorno para saber si mi mujer es realmente la más hermosa, ya estaría albergando una duda, y ella habría dejado de ser la más hermosa para mí. Y en el momento en el que comienzo a dudar de este Dios desconocido, invisible e indemostrable, he perdido el juicio, y lo que intento es destronar a Dios para colocar en su trono vacío mi minúscula razón. Pues cuando quiero demostrarlo establezco como juez supremo a mi razón, ante la que Dios ha de inclinarse. Lo que para mí no es evidente —dice la «puta razón», como la llama Lutero—, eso no existe.

FRANKL: Entonces he convertido a la razón en un ídolo...

LAPIDE: ...y destronado a Dios. Si dejo que Dios sea Dios, Él sigue en el ámbito de lo susceptible de ser presentido, de lo imaginable, pero no en un sentido irracional, sino en un sentido de algún modo prerracional. Dios permanece entonces infinitamente por encima de la mente humana. Me atrevería a decir que esto es suficiente para un *homo religiosus*, que no se doblega ante cualquier ortodoxia o dogmática, pero que se inclina ante el Señor del Universo. Aquí veo el camino para una reconciliación entre ciencia y fe. No religión, sino fe en Dios.

FRANKL: A eso me refería antes de hablar del agujero negro, ese gran vacío desde el cual el Espectador oculto nos observa sin ser visto, ese vacío que llenamos con símbolos extraídos del acervo simbólico de la humanidad. Uno proyecta una imagen, otro proyecta otra, pero el símbolo permanece con toda su carga de referencia a lo indemostrable. Cabe demostrar que han existido diversas especies de dinosaurios a través de sus huellas petrificadas, pero de Dios no conservamos huellas. Nunca podremos contar con pruebas intramundanas de su existencia. Y hasta tal punto esto es así que la teleología, tema que me enfrentó a Konrad Lorenz, más que teleología ahora es para mí teología.

Ahora llego finalmente a la conclusión de que para nada es impropio de un hombre con buenos modales científicos hablar de la creación, de Dios como Creador. Esto siempre ha supuesto para mí un escándalo, pues había considerado de antemano la idea de creación como un gran antropomorfismo. Pertenezco a una generación acostumbrada al ejemplo del alfarero. Pero no es eso. En la visión actual, la creación es algo que no puede explicarse por mutaciones casuales en el sentido de Jacques Monod, sino algo que debe venir de fuera del sistema. Como dijo Jaspers, el hombre no debe su existencia a sí mismo. El hombre es un regalo de la trascendencia. Sencillamente es eso, ni más ni menos. Yo no he elegido a mis padres, no he establecido mi lugar de nacimiento, y tampoco sé cuándo voy a morir. Lo que debo hacer es vivir mi vida y volver a Aquel que me ha hecho este regalo. Volver, y no digo un día —pues no nos llevamos la temporalidad a la tumba, en aquel momento estamos ya más allá del tiempo, del pasado y del futuro—, en todo caso, debo volver y vivir de tal manera que sea capaz de presentarme ante Él sin cubrirme de vergüenza. Esto es todo lo que puedo pedir.

LAPIDE: Me parece que eso es suficiente, en las postrimerías del siglo XX, para una vida creyente y científicamente responsable. Y, puesto que ambos somos judíos que estamos dialogando sobre Dios, me gustaría concluir recordando a un hombre que los dos hemos conocido, el papa Pablo VI. Entre 1956 y 1958, siendo él arzobispo de Milán y yo cónsul en aquella ciudad, nos vimos varias veces, y una de ellas me invitó a una cena *kosher*. He guardado para mí sus palabras. Pero ahora que ya hace tiempo que ha muerto este papa, me siento libre para contar algo que sucedió en aquel encuentro. Durante la cena me dijo dos cosas, quizás representativas de este gran hombre con frecuencia desconocido. Era poco después de Pascua, y en la liturgia católica de la vigilia pascual se dice: «quiera Dios conceder a todos los pueblos el conocimiento de la *dignitas populi hebraei*», la dignidad del pueblo hebreo. «Como obispo de Milán», me dijo, «no estoy seguro de ser merecedor de esta dignidad, pero mi más ardiente deseo es conseguirlo». En segundo lugar me habló sobre su pasado en el Vaticano, cuando, en los años de la Segunda Guerra Mundial, era responsable, bajo Pío XII, de los diversos trabajos caritativos de la Santa Sede. Me dijo a este respecto que no le abandonaba la preocupación de no haber hecho quizás lo suficiente, y que además le entristecía la parte de culpa de los cristianos en el sufrimiento judío. Y, por eso, todos los años se había impuesto guardar ayuno el día noveno del mes hebreo *Ab*, conmemoración de la destrucción del Templo, para, al menos simbólicamente, hacer un poco de penitencia personal. Me pidió que no revelara nada de esto, cosa que he cumplido hasta el día de hoy. Gracias a Dios sigue habiendo todavía muchos cristianos responsables, como lo ha sido este papa.

FRANKL: ¿Sabe por qué me conmueve todo esto? Porque antes de ser llevado a Auschwitz, donde fue asesinado junto con su mujer, mi hermano pasó varios años escondido en Italia, hasta que finalmente fue capturado por los agentes de las SS. Durante ese tiempo vivió en un pueblo italiano, financiado por el papa. Él los mantenía, y, por lo que ahora sé, en ello debió de intervenir quien luego sería Pablo VI. He llegado a saber que mi hermano fue el encargado de preparar y redactar un gran escrito en homenaje al papa Pío XII agradeciendo su protección. Según lo que usted me cuenta ahora, todo ello debió de pasar por las manos del futuro Pablo VI.

Siento no haberlo sabido cuando Pablo VI nos recibió en una audiencia. Pues, decenios más tarde, estábamos en Roma; entonces vivía también allí un joven salesiano que, durante años, había trabajado conmigo, y que hoy es a su vez profesor del Salesianum. Un día me llegó una nota en la que me preguntaba si estaba dispuesto a aceptar una invitación de Pablo VI a una audiencia privada. Naturalmente acepté. Había allí un monseñor que hacía de intérprete, pero Pablo VI nos saludó en alemán, y luego prosiguió su intervención en italiano. Señaló que tenía noticias mías, de mis libros, de la logoterapia, de mi vida en el campo de concentración, etcétera. Yo entonces reaccioné diciéndole algo que hasta entonces no había tenido ni la posibilidad ni la ocasión de decir, y tampoco otro modo de formularlo. Le expliqué que él sólo veía lo positivo, lo que yo había hecho, lo que había conseguido, lo que había logrado, y que lo que él decía me causaba tristeza, pues en ese momento me hacía más consciente de todo lo que yo habría debido hacer y no he hecho. Le indiqué que debía entender que alguien que, como yo, había estado en Auschwitz en la rampa de la estación —hacía justo cuarenta años— exactamente en el centro de la vida, que, con una estadística en contra de 1:29, había salido con vida, y que sigue viviendo decenios más tarde y escribiendo libros, no tiene más remedio que preguntarse día tras día: «¿lo he merecido? ¿Lo he justificado?» Parece normal que, desde esa perspectiva, uno se pregunte cada día nuevamente si lo ha merecido y procure estar a la altura de esa responsabilidad. Mi impresión sobre Pablo VI es que se trata de un hombre cuyo rostro está marcado por noches insomnes en las que ha de luchar consigo mismo y tomar unas decisiones a las que lo obliga su conciencia, aun sabiendo que lo hacen impopular no sólo a él, sino también a su Iglesia. Estaba marcado por una modestia poco común, difícilmente imaginable. Mi mujer se mantuvo todo el tiempo allí de pie sin dejar de llorar, estaba conmovida. Él le regaló a mi mujer un rosario, y a mí un medallón. Nos despedimos. Mientras nos retirábamos, me llamó de pronto en alemán. Imagínese la situación, después del saludo de despedida en una audiencia mantenida en italiano, el Papa llama a un neurólogo judío y le dice literalmente en lengua alemana: «¡rece por mí!» Inimaginable, increíble si no se ha vivido, si no se ha visto. Así era *él*.

LAPIDE: Para no dar la impresión de que el único buen cristiano era el Papa, me gustaría concluir con una breve anécdota. Siendo yo cónsul israelí en Milán (1956-1958), celebraba Italia el décimo aniversario de su liberación. Un día recibo una carta firmada por 27 israelíes, de diferentes procedencias y profesiones, pero con un denominador común: todos habían pasado 25 meses de su vida en el sótano de un monasterio de franciscanas, circunstancia a la que debían su supervivencia. Ahora, diez años más tarde, quieren volver por sus medios para hacer una visita de agradecimiento a las monjas. Me escriben para que avise a los medios de comunicación y los acompañe, a fin de dar así un carácter oficial a la visita. Naturalmente, dicho y hecho. Un día se acerca un convoy a este monasterio en la pequeña ciudad, un imponente edificio del siglo XIII. Ya puede imaginarlo, la construcción de piedra de sillería, la estrecha puerta, delante treinta monjas con su hábito negro, y en medio la madre abadesa, una dama de más de setenta años que ve mal y no oye bien y que se apoya en dos hermanas. Comienzan los discursos de agradecimiento y todo lo demás. Después de dos horas, me acerco a la abadesa y le digo: «señora, disculpe el alboroto, pero el mundo ya tiene exceso de malas noticias; quizás sea conveniente que la gente tenga de cuando en cuando algo bueno que oír. Por eso era preciso que estuvieran aquí todas estas personas tomando fotografías, haciendo ruido y escribiendo». Entonces la abadesa me preguntó algo que nunca olvidaré: «mire, Sr. Cónsul, ¿son ustedes comunistas o fascistas?» Por primera vez en mi vida no supe qué contestar. Le dije, «señora, llevamos aquí dos horas hablando de las bienaventuranzas, del amor al prójimo, de la tierra santa, de Jerusalén y de la Biblia, ¿y me hace usted esta pregunta?» Entonces la anciana señora se puso colorada y contestó tartamudeando: «mire, Sr. Cónsul, soy ya una mujer mayor, y tiene que disculparme, pero en el sótano que les acabamos de mostrar —donde, en el horno de hacer obleas para la misa, las monjas cocían pan ácimo no sólo para que los judíos sobrevivieran en el sótano, sino para que también pudieran celebrar el *Passah*— en ese mismo sótano, a 600 metros de las oficinas de la Gestapo, hemos tenido escondidos comunistas en 1942, judíos de 1943 a 1945 y fascistas en los años 1946 y 1947. Comprenderá que me encuentre ahora un poco atolondrada». Gracias a Dios todavía existen en nuestro mundo personas como éstas. Y, recopilando ahora nuestra larga conversación, hemos hablado de la tríada «sufrimiento, culpa y muerte», pero quizás podamos concluir como creyentes con la tríada «amor, esperanza y sentido de la vida», pues ése era en definitiva el propósito o, mejor dicho, el sentido de todo nuestro diálogo. ¿No le parece?

FRANKL: Por supuesto, del todo de acuerdo.

LAPIDE: Propongo que concluyamos con una oración, atribuida al rabino Leo Baeck —compuesta a finales de 1946— que expresa, como quizás ninguna otra, esa fuerza creyente de esperanza que nunca debiera olvidar nuestra juventud:

> «Paz a los hombres de mala voluntad, y que se ponga fin a toda venganza y a toda exigencia de castigo y sanción. Las crueldades cometidas superan toda medida; están más allá de los límites de toda capacidad humana de comprensión, y los mártires son innumerables. Por eso, oh Dios, no pongas en la balanza de la justicia sus sufrimientos, para cargarlos a la cuenta de sus verdugos, sino retribúyelo de otra forma.
> »Cuenta más bien a favor de los verdugos y los delatores y los traidores todo el valor y la fuerza anímica de los otros, su anonadamiento, su elevada dignidad, su callado empeño en todo, la esperanza que no se dio por vencida, y la valerosa sonrisa que hizo olvidar las lágrimas, y todos los sacrificios, todo el ardiente amor, todos los lacerados y atormentados corazones que, no obstante, permanecieron siempre fuertes y confiados frente a la muerte y en la muerte. Que

todo eso, Dios mío, cuente ante ti como rescate para redención de la culpa, para una resurrección de la justicia —que lo que cuente sea lo bueno y no lo malo. Y, en la memoria de nuestros enemigos, que no sigamos siendo sus víctimas, que no seamos ya su pesadilla, su terror nocturno, sino más bien su ayuda para que abandonen su locura...

»Sólo esto se espera de ellos —y que nosotros, cuando todo haya pasado, podamos volver a vivir como hombres entre los hombres, y que en esta pobre tierra venga de nuevo la paz a los hombres de buena voluntad, y que venga también la paz a todos los otros».

FRANKL: *Amen.*